Carte, von der Situation der um He...
an der Elbe, gelegenen Haubt Stadt gleiches Nahm...
nitz von beynahen, dem Kauff-hoffe an, bis an die ...
sich die sogenanten Unterberger hin auff erstecken, wie auch die übrigen Vorbürger,
als Ober brücker, und Holeweger, welche drey letztere Gegenden gäntzlich unt...
dem Ambte stehen, auch was mit hin eigendlich zur Stadt gehöret, wird durch
folgende Ordnunge ein mehrers erleutert werden.

A. der Kauff-hof und Krahn.
B. der Tollen: Was nün zwischen diesen Zweyen
  lit: als von Oster-und Wester-thor von der Stadt
  gelegen, wird die alte Stadt genandt.
von B. bis C. und D: aber heisset die New Stadt in
  diesen beiden theilen, bestehet die eigentliche
  Stadt Lauenburg.
E. die freyheit F. das Mascht G. die Kircha.
H. das Raht-haus I. die Schule.
K. Witwen haus L. Pastoren-haus und garten
  so noch unter der Stadt jurisdiction gelegen.
M.M.M Bürgergartens und acker so unter der
  Ambts jurisd: gelegen.
N.N der New städer Weg, so sich die Stadt an-
  masset, wor innen, aber das Ambt protestiret,
O ein haus, hart an der freyheit, so das Ambt un-
  ter der Unterberger Gemeinschaft rechnet.

P.P Ein applanirter Weg, auf dem Graben genandt,
  welcher Ohngefehr die Bürger garten West
  wertz von dem Ober brücker Ostig, sepanzet
Die Hohlenweger gehen von der Schul und Past
  ren hauf süb lit Hh an über G. bis an die Ober br.
  cke R als an dasige zwey thorwege In diesem
  district wohnen lauter Handwercker.
S.S.S die sogenante Ober brücker.
T.T.T. District derer Unterberger Das angrote
  terrein zwischen der Stecknitz und Post wege
  gehöret dem Unter bergern.
U.U Herren Drosten Haus und Garten
W. Das Ambt nebst Stall und thurm.
X.X Vorwerck Y.Y Herschafft: z gartens.
Z. St Annen Urmen Haus.
  Die Rohte Punctirunge zeiget die St: en General so
  zu der Stadt argrösserung an Convena belsten
In diesen atus gestellet A: 1735 von G.D Michaelsen.

Post weg

Die Stecknitz

Palm Schleu...

...rg zugehörige

und unter der Ambts Jurisd ge

legene Weyde

Zustendige-gemeine.

Masch - Weyde -

Unseren Freunden und Förderern

Provinzial Brandkasse
Versicherungsanstalt
Schleswig-Holstein

Provinzial Leben
Versicherungsanstalt
Schleswig-Holstein

Gerd Stolz

Kleine Kanalgeschichte

Vom Stecknitzkanal zum Nord-Ostsee-Kanal

Herausgegeben
anläßlich des 100. Jahrestages
der Eröffnung des Nord-Ostsee-Kanals
am 21. Juni 1895

Westholsteinische Verlagsanstalt
Boyens & Co., Heide

KLEINE SCHLESWIG-HOLSTEIN-BÜCHER · BAND 45

Herausgegeben von den
Provinzial-Versicherungen, Kiel

Wissenschaftlicher Betreuer: Prof. Dr. Dieter Lohmeier

ISBN 3-8042-0672-7

INHALT

Einleitung

Als der Nord-Ostsee-Kanal am 21. Juni 1895 in einer großen Feierlichkeit mit dem ganzen Pomp und Prunk des deutschen Kaiserreiches durch Kaiser Wilhelm II. in Gegenwart aller regierenden deutschen Fürsten eröffnet wurde, ahnte wohl kaum jemand, in welchem Maße die internationale Schifffahrt den Verkehrsweg nutzen würde; es wuchsen Schiffsgrößen und -zahl, der Verkehr auf der Seewasserstraße entwickelte sich trotz zeitbedingter Rückschläge insgesamt recht erfreulich.

Mit dem nun 100jährigen Nord-Ostsee-Kanal, der damit das Alter seines Vorgängerbaues noch nicht ganz erreicht hat, ging ein alter Traum in Erfüllung – eine für Seeschiffe ganzjährig befahrbare Verbindung zwischen Nord- und Ostsee durch die schleswig-holstein-jütländische Landenge. Es war ein weiter und langer Weg bis zu diesem Jahrhundert-Bauwerk gewesen – erst im Laufe vieler Jahrzehnte wurden in der Entwicklung der Menschheit die Voraussetzungen für die umfassenden technischen Möglichkeiten und großen finanziellen Mittel geschaffen, die ein solches Werk erfordert.

Mit der Erfindung der Kammer- oder Kastenschleuse um 1500 wurde die Verbindung zwischen Wasserläufen verschiedener Höhenstufen ermöglicht und die Fahrtzeit kalkulierbar. Im Zuge der Weiterentwicklung dieser technischen Meisterleistung entstand ein Netz neuer Verkehrswege, das flächendeckend wirtschaftliche Entwicklungen förderte und unser Landschaftsbild in einigen Teilen noch heute bestimmt. Der künstliche Schiffahrtsweg erreichte mit der Kammerschleuse seine technische Vollendung, denn nun war die Natur in ihren Gegebenheiten mit Bergen und Tälern, mit Steigungen und Gefällen kein unüberwindbares Hindernis mehr für den wassergebundenen Verkehr. Landengen brauchtes nicht mehr durchschnitten, sie konnten von jetzt an überwunden werden, sofern das für die Bauwerke erforderliche Kapital aufgrund des wirtschaftlichen Interesses bereitgestellt wurde.

Die künstlichen Binnenwasserstraßen des ausgehenden Mittelalters in Schleswig-Holstein – der Stecknitzkanal und der Alster-Trave-Kanal – hatten eine überregionale, aber keine internationale Bedeutung; sie erreichte erst der im Zeichen des Merkantilismus im 18. Jahrhundert gebaute Schleswig-Holsteinische oder Eiderkanal, da er für seegehende Kauffahrteischiffe, wie sie auf Nord- und Ostsee damals verkehrten, passierbar und Verkehrsbeschränkungen wegen Wassermangels – wie bei anderen Kanälen – nicht auftraten. Außerdem hatte die Schleusentechnik inzwischen einen hohen technischen Leistungsgrad erreicht, so daß es eine lange Zeitdauer für die Kanalfahrt zwischen Nord- und Ostsee nicht gab.

Einen Wendepunkt in der Binnen- wie Seeschiffahrt und damit in der kommerziellen Entwicklung brachte der Übergang vom Holz- zum Eisenschiff und damit von der Segel- zur Dampfschiffahrt, der in Deutschland seit den 1870er Jahren augenfällig in Erscheinung trat. In jener Zeit entstand – im wesentlichen unter Führung der preußischen Regierung – das deutsche Binnenwasserstraßen-System durch eine Verbesserung der Schiffbarkeit der Flüsse und den Bau neuer, die Flüsse verknüpfender Kanäle.

Das Kanalwesen hat im Laufe der Jahrhunderte eine umfassende Entwicklung durchgemacht, es brachte eine Fülle technischer Leistungen der Wasserbaukunst auf dem Weg zum heutigen, international verbundenen künstlichen Wasserstraßensystem in Europa und zu den großen modernen Seekanälen. Für die handeltreibenden Mächte und Nationen war die Überwindung von Landengen häufig eine existentielle Frage, in jedem Falle aber eine Herausforderung ihrer wirtschaftlichen Macht, ihres politischen und finanziellen Leistungswillens.

Schleswig-Holstein hat einen erheblichen Anteil an dieser Entwicklung gehabt. Die Landenge zwischen Nord- und Ostsee verlangte geradezu nach einer Durchquerung, denn Seeschiffe konnten auf den tief einschneidenden Förden weit in die schmale Landbrücke zu den Häfen einfahren. Waren und Güter gelangten so teilweise unmittelbar an große Handelsstraßen des Landverkehrs. Aber auch die gefahrvolle, weite und langwierige Fahrt von der Nordsee um Skagen durch Skagerrak und Kattegat in die Ostsee legte den Gedanken nahe, einen künstlichen Wasserweg, der auch für Lastschiffe befahrbar wäre, durch Schleswig-Holstein anzulegen. Der wachsende Handel mit einem umfangreichen Warenaustausch im Spätmittelalter förderte den Gedanken des Wassertransports im Binnenland, der allerdings erhebliche Finanzmittel für den Bau eines gegrabenen Wasserweges und dessen Unterhaltung voraussetzte. Allein wirtschaftliche Aspekte waren seinerzeit entscheidend für den Bau; militärische oder strategische Gründe spielten zunächst keine Rolle.

Der Nord-Ostsee-Kanal verbindet die Elbe bei Brunsbüttel, im weiteren Sinne auch die Nordsee, mit der Kieler Förde, also mit der Ostsee. Er durchquert zunächst die bis zu drei Meter tieferliegende Marsch und durchschneidet dann den bis zu 25 Meter hohen Geestrücken. Bis Rendsburg folgt der Kanal der Eiderniederung, erreicht dann das holsteinische Hügelland, in dem Reste früherer Eiderseen durchquert werden, und mündet schließlich bei Kiel-Holtenau in die Förde.

In erster Linie ist der Kanal bis heute eine dem internationalen Seeverkehr dienende, Tag und Nacht befahrbare Bundeswasserstraße von Weltgeltung; er erspart den Umweg um Skagen, bringt also eine Wegverkürzung von zirka 250 Seemeilen. Waren für den Kanalbau vor 100 Jahren noch seestrategische Gründe maßgebend, so dient er heute dem Warenaustausch der Länder des Ostseeraumes mit der übrigen Welt.

Schleswig-Holstein und der „Kanal", wie der Nord-Ostsee-Kanal im allgemeinen Sprachgebrauch des Alltags kurz genannt wird – das ist eine nun-

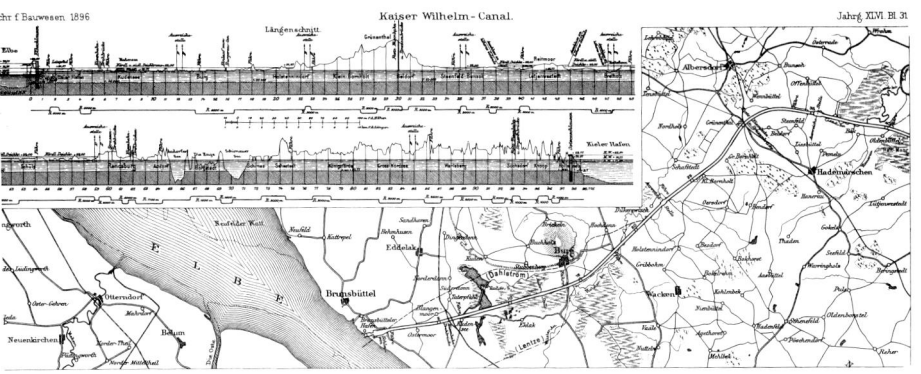

Abb. 1. Lageplan der Kanal-Weststrecke.

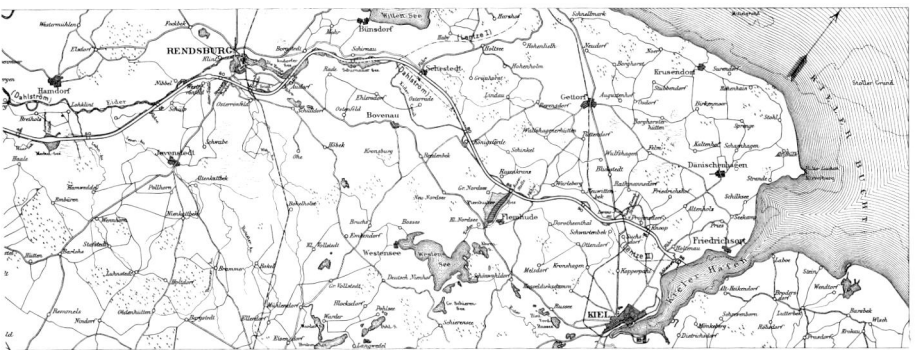

Abb. 2. Lageplan der Kanal-Oststrecke.

9

mehr 100jährige „Ehe", ein Miteinander, nicht ein Nebeneinander. Der „Kanal" hat dem Land vielerorts Boden und Wasser genommen, er hat aber auch gegeben als Naherholungsraum, als Wirtschafts- und Arbeitsplatz, er hat zur wirtschaftlichen Entwicklung des Landes beigetragen, er ist für viele Menschen Lebensinhalt.

Der Nord-Ostsee-Kanal ist heute ein Wirtschaftsfaktor für Schiffahrt, Industrie und Handel in Schleswig-Holstein mit zahlreichen Dienstleistungen bei der Passage (Schiffsausrüstungen, Reparaturen, Bunkerstationen, Versorgung), die gleichsam im Vorüberfahren in Anspruch genommen werden. Etwa 3000 Menschen (ohne Kanalverwaltung) haben am Kanal ihren Arbeitsplatz, zu denen noch rund 600 Schiffsmakler und Ausrüster sowie 350 Lotsen und 120 Kanalsteurer kommen.

Durch den Kanal und seine Bauten wurde das Landschaftsbild auf der gesamten 98,637 Kilometer langen Strecke nachhaltig beeinflußt, teilweise tiefgreifend verändert. Der Nord-Ostsee-Kanal durchschneidet Wohngebiete, teilt Dörfer, zerschneidet die Eider in Ober- und Unterlauf, unterbricht alte wie neue Wege des Landverkehrs, die dann mit Brücken, Tunnel und Fähren wieder zusammengefügt werden.

Das Gesamteinzugsgebiet des Nord-Ostsee-Kanals als Vorfluter beträgt 1580 Quadratkilometer, davon 250 Quadratkilometer Niederungsgebiet, die durch 19 Schöpfwerke künstlich entwässert werden; durchschnittlich werden in den Nord-Ostsee-Kanal insgesamt 20 Kubikmeter/Sekunde eingeleitet. Der Kanal ist ein großer Freizeitfaktor und ein Erholungsrevier für viele Sportfischer, Ausflügler, Wanderer und Radfahrer sowie Tausende von Sehleuten, die fasziniert den „großen Pötten" aus aller Welt nachschauen. Er ist mit seinen Windschutzstreifen, Ufer- und Böschungszonen häufig auch ein Refugium für die bedrohte Pflanzen- und Tierwelt.

Sich die Natur nutzbar zu machen, gehört zu den Träumen der Menschheit, die technische Neuerungen, wirtschaftlichen Fortschritt und kulturelle Entwicklung bedeuten. Künstliche Wasserwege als Teilstücke eines größeren Verkehrssystems spielten in der Menschheitsgeschichte seit altersher eine bedeutende Rolle, denn so wurden der Waren-, Kultur- und Gedankenaustausch umfassender gestaltet und erweitert. Kanäle – von Menschenhand gegrabene Wasserläufe und künstliche Schiffahrtswege – hatten, bevor sie eine strategische Bedeutung erhielten, in allererster Linie immer gesamtwirtschaftliche Aspekte im Rahmen überregionaler Handelsbeziehungen, sie dienten und dienen noch heute der Verbindung bestehender Naturgewässer.

Kanäle wurden dort gebaut, wo Marktzentren die Nachfrage nach größeren Transportmöglichkeiten und -kapazitäten hervorriefen, wo eine einheitlich ordnende und geordnete Staatsmacht die politische Voraussetzung für ein solches Wasserbauwerk bildete und ein gesicherter Kapitalmarkt die fi-

Abb. 3. Palmschleuse in Lauenburg/Elbe; Tuschzeichnung um 1840 eines unbekannten Künstlers.

Links: die Palmschleuse mit den beiden Toren und den darüberliegenden Schleusenbäumen; bei dem vorderen Schleusentor sind die nach oben herausziehbaren Schützenbretter herausgezogen; die beiden links liegenden steingefüllten Balkengestelle sind Eisbrecher zum Schutz der Schleuse gegen den Eisgang auf der im Hintergrund sichtbaren Elbe.

Mitte: Schleusenwärterhaus mit hochgezogenem Schlagbaum; der Schleusenwärter war zugleich Zoll- und Wegegeld-Einnehmer, denn vor dem Haus über das Oberhaupt der Schleuse führte über eine Brücke die Poststraße Hamburg–Berlin; das Schleusenwärterhaus war zugleich Landesgrenze, wie es die Amtsschilder zeigen.

Rechts (am Bildrand): Gebäude der Palmmühle, früher Bokhorster Mühle.

Abb. 4. Nord-Ostsee-Kanal, Brunsbüttel, Einschwimmen der Fluttore der (Alten) Schleusen, 1894.

nanzielle Basis für eine solche Unternehmung bot. Staat, Wirtschaft und Kapital wirkten – sofern sie nicht in einer Hand konzentriert waren – beim Bau derartiger Wasserwege zusammen, die in der Folge meist größere volkswirtschaftliche Bedeutung erlangten.

Kanäle sind Wege eines Massengüterverkehrs, die lange Zeit eine Art Monopolstellung in ihrem wirtschaftlichen Einzugsgebiet hatten, bis mit der Einführung der Eisenbahn eine Konkurrenz auftauchte. Wenn auch der Verkehr zur See, auf Flüssen und Kanälen im Winter durch Eis behindert wurde oder gar zum Erliegen kam, bedeutete der Straßentransport bis zur Erfindung des Autos keine Konkurrenz. Der Wasserweg war gegenüber dem Straßentransport schneller, günstiger und bei Massengütern ganz erheblich billiger, die Ladekapazität konnte besser ausgenutzt werden, der Personalaufwand war geringer.

Abb. 5. Nord-Ostsee-Kanal, (Kiel-)Holtenau, Pumpenraum der Zentral-Maschinenstation, 1895.

Stecknitzkanal

Baugeschichte

Lübeck, die Königin der Hanse, hatte den Höhepunkt seiner politischen wie wirtschaftlichen Macht erreicht, als es 1390 vermutlich schon vorher bestehende Überlegungen zu einer schiffbaren Verbindung der Stecknitz mit der Delvenau in die Tat umsetzte. Damit konnte der für Lübeck und seine Wirtschaft bedeutende Handel mit Lüneburger Salz an die Stadt gebunden, mit dem Bau des Binnenwasserweges in der Menge erheblich gesteigert und auch auf andere Güter ausgedehnt werden. Zugleich war damit die Gefahr gebannt, Hamburg könnte den Salzhandel an sich ziehen und das Ostseegebiet für seine Interessen sichern, darüber hinaus wurde die Konkurrenz Wismars ausgeschaltet.

Lübeck achtete im Rahmen seiner Territorialpolitik darauf, daß die großen Fernhandels- und Transitwege im Dreieck Lübeck–Hamburg–Lüneburg, das eine verkehrsgeographische Schlüsselposition darstellte, durch möglichst umfassend gesicherte Gebietsteile führten, wobei der Erwerb oder die vertragliche Sicherung bzw. Abhängigkeit von Liegenschaften, Orten und Territorien einbezogen waren. Um den Salzhandel aus seinem grundlegenden Bedürfnis für den Menschen und seine Ernährung zu gewährleisten, hatten Lübeck wie auch zahlreiche geistliche Körperschaften bis zum Anfang des 15. Jahrhunderts einen reichen Salinenbesitz in Lüneburg zusammengetragen. Dadurch gewann Lübeck zugleich dauernden Einfluß auf das Wirtschaftsleben Lüneburgs.

Der für Lübeck wichtigste Artikel an Massengütern war das Lüneburger Salz, dessen Absatzgebiet der gesamte Ostseeraum mit seinen Anrainerstaaten und das damit zugleich die nötige Ausfracht der aus der Ostsee in Lübeck ankommenden Schiffe war. In der Herrschaft über dieses wichtige Handels- und Massenladegut lag der Vorsprung der Travestadt vor ihren Konkurrenten im Ostseehandel. Die Jahresproduktion des Lüneburger Salzes war zu Anfang des 13. Jahrhunderts bereits so groß, daß sie zur Versorgung von $1\frac{1}{2}$ Millionen Menschen ausreichte. Salz spielte die Hauptrolle für den Warenverkehr im Ostseeraum, denn es wurde zur Konservierung von Fleisch und Fisch – z. B. dänischen Viehprodukten, schonenschen Heringen und Bergener Fischen – unabdingbar benötigt. Norwegen, Schweden und Litauen waren gänzlich ohne Salinen, und die Salzwerke Polens und Schlesiens deckten nicht einmal den eigenen Bedarf. „Solange der Heringsfang in Schonen beträchtlich war, stiegen die Preise bis Johannis, fielen dann und zogen gegen Michaelis stark an, weil bis Weihnachten Mastvieh geschlachtet wurde und neben den Seefahrern die Bauern ihren Bedarf auf dem Michaelismarkt deckten. Die Lübecker bemühten sich, möglichst große Vorräte zu

Abb. 6. Lübeck – Untertrave mit den Türmen von St. Marien.
Bleistiftzeichnung eines unbekannten Künstlers aus der 1. Hälfte des
19. Jahrhunderts. Auf der Trave ein Stecknitzfahrer-Kahn.

bekommen, damit sie im Frühjahr kein Salz nötig hatten und daher die Preise in Lüneburg niedrig halten konnten." Demgegenüber versuchten die Lüneburger durch Gegenmaßnahmen und ebenso geschicktes Taktieren fortwährend, die Preise zu steigern.

Das Lüneburger Salz, an dessen Herstellung bzw. Gewinnung die Lübecker wiederum finanziell beteiligt waren, wurde auf dem Wasserweg über Ilmenau und Elbe nach Boizenburg bzw. Buchhorst bei Lauenburg und von dort per Frachtwagen nach Wismar bzw. Lübeck gebracht, doch entsprach diese umständliche und zeitraubende Beförderungsart allmählich nicht mehr den Anforderungen des ständig wachsenden Salzverkehrs. Es gab außerdem die Möglichkeit, mit dem Frachtwagen nur bis Mölln zu fahren und von dort wieder den Wasserweg über die Stecknitz bis nach Lübeck zu nehmen. Um die Fahrt der Frachtkähne mit dem Wasserschwall von Mölln auf der Stecknitz sicherzustellen, gab es schon in der ersten Hälfte des 14. Jahrhunderts einfache Stauschleusen, und zwar eine am Ausfluß des Möllner Sees sowie zwei in der Stecknitz (Donner- und Berkenthiner Schleuse). Sie wurden jedoch nur dann geöffnet, wenn sich eine größere Anzahl von Prähmen – kleinen flachgehenden und geringe Last befördernden Binnenschiffen – versammelt hatte. Um die Mitte des 14. Jahrhunderts hatte der Salzhandel dann einen solchen Umfang erreicht, daß eine leistungsfähige Schiffahrtsverbindung zwischen Elbe und Trave notwendig wurde.

Am 24. Juni 1390 schlossen die Stadt Lübeck und Herzog Erich IV. von Sachsen-Lauenburg zwei Verträge, und zwar einen „wegen einer Vertiefung der Delvenau und anzulegenden Wasserverbindung zwischen Mölln und der Elbe sowie wegen des auf dieser Wasserstraße zu erhebenden Zolles" und einen weiteren, um „bei dem Mühlendamm in Bökhorst und auch an andern Stellen der Delvenau nach Bedarf Schleusen anzulegen, auch auf seinem Gebiete graben zu lassen". Die Lübecker hatten damit freie Hand, eine ihren Handelsbedürfnissen, den techischen wie finanziellen Möglichkeiten entsprechende Wasserstraßenverbindung zu schaffen. Herzog Erich IV. verpflichtete sich nur, beim Bau an 20 Tagen pro Jahr mit 30 Arbeitern zu helfen, so daß Lübeck auch den Hauptteil der Arbeitskräfte stellen bzw. anwerben mußte.

Um die nicht unbedeutenden Kosten des Kanalbaues erstattet zu bekommen, sollten Lübeck während der ersten 17 Jahre nach Vollendung des Werkes die Zollabgaben allein zufließen. Danach sollte ein dann zu erhöhender Zoll zwischen dem Herzog und der Stadt Lübeck je zur Hälfte geteilt werden.

Rechts: Abb. 7. Siegel an der Urkunde Herzog Erichs IV. von Sachsen-Lauenburg vom 24. Juni 1390 wegen Anlegung einer schiffbaren Verbindung zwischen Mölln und der Elbe (Stecknitzkanal).

...euen vnd mmonoienge myt wolten vnde sullad alle der yennen de dut myt seckte vindow...

...her wafmod schacke ridder derlef gronouth loduin scharpenbeft orlo schacke ludeke scha...

...esteen Jn den garen godes duspar drehunkert Jn deme neghentighesten jare Jn des hilg...

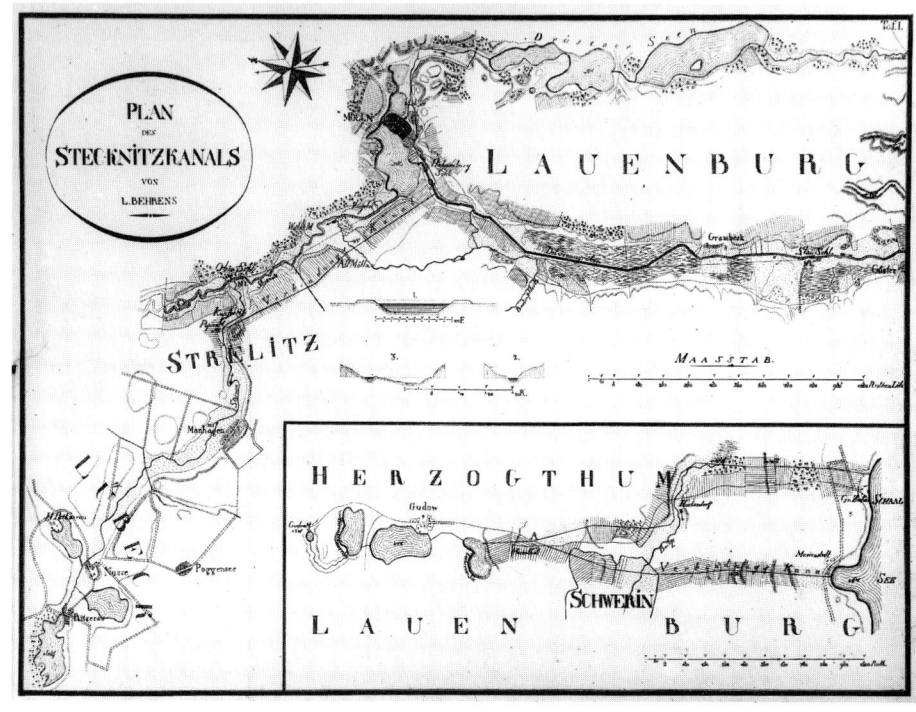

Abb. 8a–c. Plan des Stecknitzkanals von L. Behrens (Steindruck) aus: Topographie des Stecknitz-Kanals, Hamburg 1818.
Lauf des Stecknitzkanals von Lübeck bis Lauenburg. Eingezeichnet ist zugleich die von französischen Offizieren während der Napoleonischen Zeit vorgeschlagene und von Behrens untersuchte bzw. begutachtete bessere Linienführung des Stecknitzkanals mit Sicherstellung der Wasserzufuhr; hierzu sollten teilweise sog. Verbindungskanäle geschaffen werden. Die Linienführung der neuen Kanalstrecke von Mölln bis Lauenburg wurde im wesentlichen vom Elbe-Trave-Kanal aufgenommen.

Taf.II.
LÜBECK
HANSESTADT LÜBECK
LAUENBURG
LÜBECK
Profil 1.
Profil 2.
Profil 3.
Profil 4.

Taf.III
LAUENBURG
MECKLENBURG
Siebeneichen
Dalldorf
Lanze
LAUENBURG
ELBE

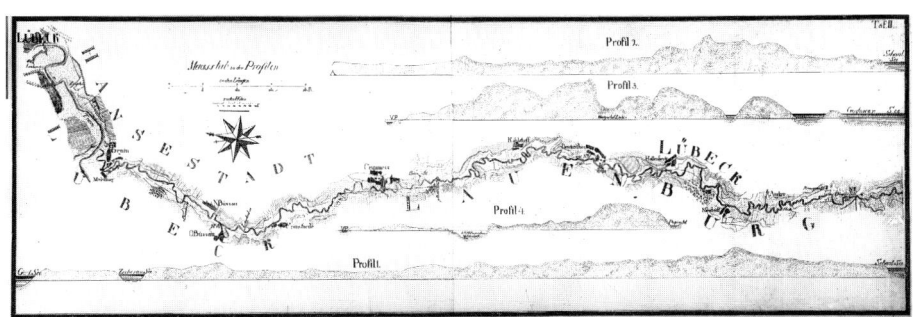

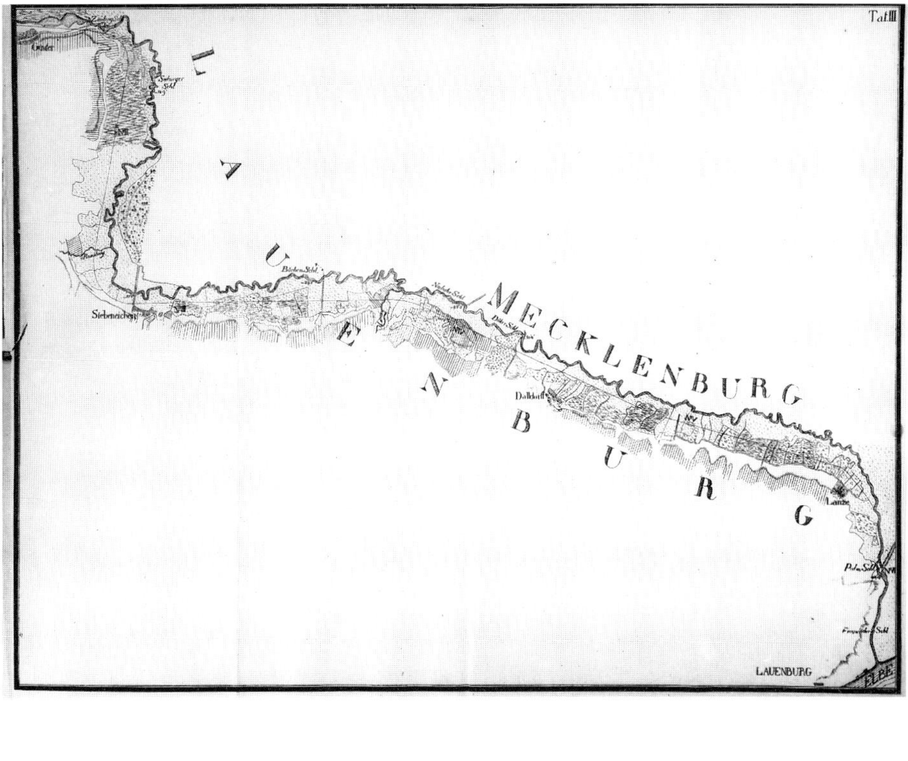

Die örtlichen Verhältnisse waren für den Bau eines Kanals günstig. Einerseits wurde die Stecknitz genutzt, die aus der Möllner Seenkette nach Norden in die Trave floß, andererseits die Delvenau, die wenige hundert Meter südlich des Möllner Sees entsprang und in der Größe eines Baches bis nach Lauenburg in die Elbe floß. Außerdem gab es einen nach 1350 ausgehobenen Landwehrgraben zwischen dem Möllner See und der Delvenau. Es mußten also im wesentlichen die Wasserscheide zwischen den nach entgegengesetzten Richtungen laufenden Flüssen Stecknitz und Delvenau durchgraben, die beiden Flüsse miteinander verbunden werden. Eine Begradigung der Wasserläufe von Stecknitz und Delvenau war wegen der hohen Kosten nicht möglich, so daß deren zahlreiche Windungen blieben.

Der Stecknitzkanal hatte bei der Eröffnung eine Wasserspiegelbreite von etwa 7,50 Meter und eine etwa 0,85 Meter tiefe Fahrrinne. Die Arbeiten wurden im Jahre 1391 vom Möllner See aus begonnen und nach siebenjähriger Tätigkeit beendet. Am 22. Juni 1398, dem Maria-Magdalenen-Tag, kamen mehr als 30 mit Salz und Kalk beladene Schiffe von Lüneburg in Lübeck an, wo sie mit großer Freude begrüßt wurden: Damit war der Stecknitzkanal, der erste Wasserscheidenkanal Nordeuropas, eröffnet. Die Stadt Lübeck hatte den Bau des Kanals trotz vieler Hindernisse und anderweitiger finanzieller Belastungen im Hinblick auf den gewinnbringenden Salzhandel ohne Unterbrechung – von witterungsbedingten Ausnahmen abgesehen – durchgeführt.

Stecknitz und Delvenau waren durch einen 11,5 Kilometer langen Graben oder den „nyge graven" – die eigentliche Kanal- und zugleich Scheitelstrecke – miteinander verbunden. Im übrigen blieb die Delvenau in ihrem natürlichen Flußbett, sie wurde lediglich im Bereich der Mündung in die Elbe etwas verlegt, da die Herzöge von Lüneburg die ursprüngliche Mündung durch große, mit Steinen und Schutt gefüllte Schiffe, die dort versenkt wurden, gesperrt hatten. Das Gefälle – der Kanal war auf etwa 16 Meter über dem Meeresspiegel ausgetieft worden – mußte durch den Bau mehrerer Schleusen überwunden werden. Die Scheitelstrecke lag allerdings noch vier Meter über dem Möllner See, etwa zwölf Meter über der Elbe bei Lauenburg und 16 Meter über der Trave.

Als 1593 Unterhaltungsarbeiten am Stecknitzkanal, und zwar im Abschnitt der Scheitelstrecke des Delvenaugrabens, durchgeführt wurden, waren gleichzeitig bis zu 16 Rotten zu je 20 Arbeiter tätig; diese geworbenen Arbeitskräfte kamen aus Lübeck, Krummesse, Nusse, Lauenburg, Lüneburg, Bergedorf, Boizenburg, Schwerin, Rostock, Hamburg, Bremen, Eckernförde und Duderstadt.

Rechts: Abb. 9. Landesaufnahme des Herzogtums Holstein von G. A. von Varendorf (Varendorfsche Karte) 1789–1796, Blatt Nr. 66 (Ausschnitt).

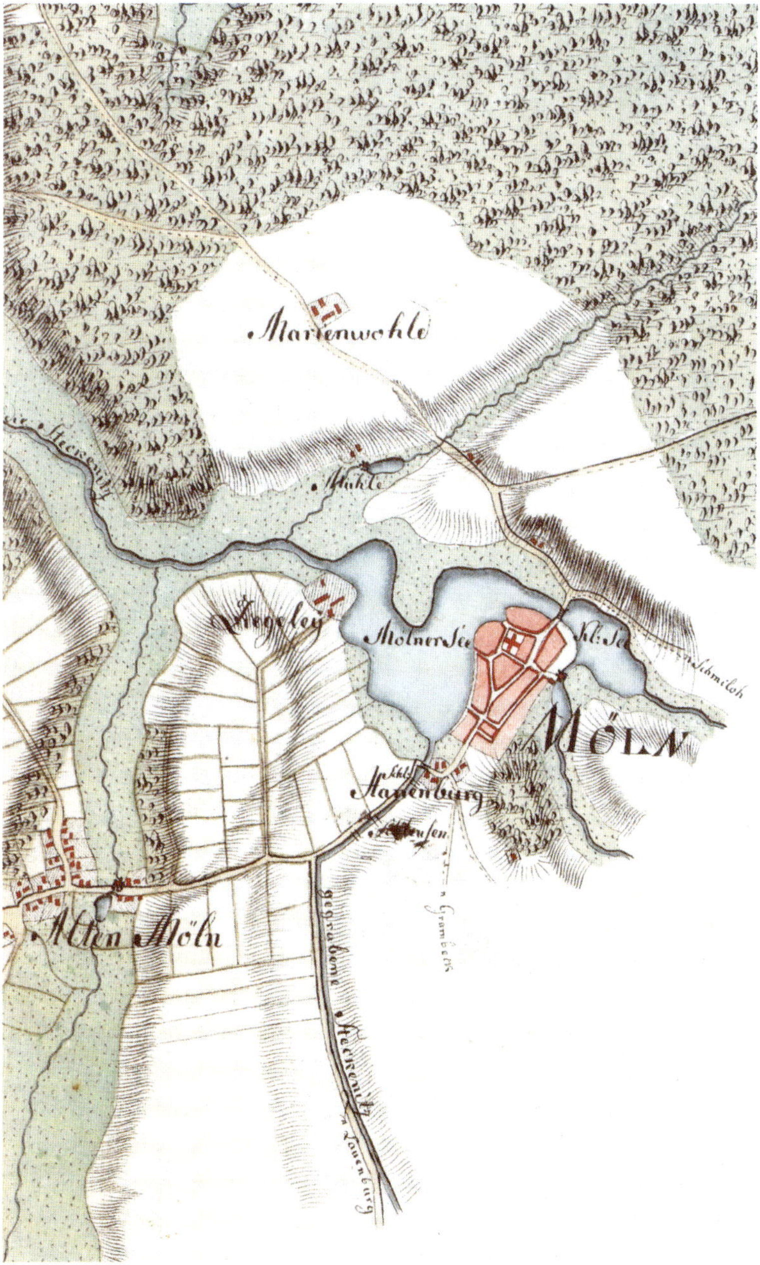

Marienwohle

Mühle

Ziegeley

Mölner See

kl: See

Schönmilch

MÖLN

schl.
Marienburg

Alteusen

gegrabene
Grambek

Heerweg
Lauenburg

Alten Möln

Abb. 10. Mölln, Hahnenburger Schleuse, um 1890.

Der Stecknitzkanal stellte angesichts der damals zur Verfügung stehenden technischen Hilfsmittel und ohne kartographische Unterlagen eine bedeutende Bauleistung des Mittelalters dar. Er war die älteste künstliche Wasserstraße Nordeuropas.

In den 500 Jahren seines Bestehens wurden am Stecknitzkanal, wie später die gesamte Strecke von Lübeck bis Lauenburg genannt wurde, nicht nur notwendige Unterhaltungsarbeiten durchgeführt, sondern es wurden auch zu verschiedenen Zeitpunkten bauliche Nachbesserungen und Ergänzungen vorgenommen, um die Wirtschaftlichkeit des Wasserweges zu erhöhen. Lübeck hatte zwar das ausschließliche Recht, den Kanal zu befahren, mußte dafür aber die Kosten der Instandhaltung für die Strecke von der Trave bis nach Mölln allein und für die Strecke von Mölln bis zur Elbe je zur Hälfte mit Lauenburg tragen – hierzu gehörten nicht nur Reparaturen der Bauwerke, sondern vornehmlich die Austiefung und Auskrautung des Kanals.

In Lübeck legten die auf dem Stecknitzkanal von Lüneburg kommenden Schiffe an der Obertrave auf dem Teil zwischen Petersgrube und Holstenbrücke an, der vom 15. bis in das 17. Jahrhundert der Salzmarkt genannt wurde – auf der gegenüberliegenden Seite stehen heute noch die zwischen

1579 und 1745 erbauten Salzspeicher, die dann die Aufgabe der (nunmehr trockenen und geschützten) Zwischenlagerung des Salzes übernahmen.

Die Speisung der 11,5 Kilometer langen Scheitelstrecke, die bei einer Durchschleusung etwa 70 000 Kubikmeter Wasser verlor, erfolgte überwiegend aus dem Hornbeker und dem Alt-Möllner Mühlenbach sowie einigen wenigen Grundquellen. Durch Hinzufügung der Hornbecker oder Grambeker Schleuse im Jahre 1692 wurde die Scheitelstrecke, der sogenannte Delvenaugraben, auf acht Kilometer abgekürzt. Der Kanal hatte aufgrund der vielen Flußwindungen zwischen Elbe und Trave eine Länge von 94 Kilometern, während die Entfernung zwischen den Endpunkten in der Luftlinie nur 62 Kilometer betrug.

Das Kanalbett blieb allerdings über Jahrhunderte in seinen Ausmaßen im wesentlichen unverändert. Die Hannover-Lauenburgische Regierung ließ in den Jahren 1777/78 die Scheitelstrecke durch den Ingenieur-Oberst Hogreve vermessen; an den engsten und flachsten Stellen war der Kanal nur noch 5,75 Meter breit und 0,72 Meter tief. Mit einem Kostenaufwand von 40 000 Talern, den Lübeck zur Hälfte tragen sollte, war eine Verbreiterung auf 11,5 Meter und eine Vertiefung auf 1,73 Meter vorgesehen. Die Arbeiten begannen zwar unter Hogreves Leitung im April 1802, mußten jedoch im folgenden Jahr, nachdem schon 47 000 Taler ausgegeben waren, zunächst eingestellt werden, als Napoleon Lauenburg in Besitz nahm.

Erst im August 1821 wurden die Arbeiten – nun unter lübscher Leitung – wieder aufgenommen. Sie dauerten bis Herbst 1823 und erforderten weitere 37 167 Mark, die Lübeck alleine trug. Der Delvenaugraben erhielt eine Breite von 5,75 bis 7,48 Meter auf der Sohle und von zwölf bis 14 Meter im Wasserspiegel, zugleich eine Wassertiefe von 1,44 Meter. Damit wurde die Tragfähigkeit des Kanals von 12,5 auf 20 Tonnen gesteigert.

Bauwerke

Schleusen, Häuser, Brücken

Zum Befahren der Kanalstrecke und zur Überwindung des Niveauunterschiedes im Verlauf des Wasserweges war der Einbau von Schleusen notwendig. Es waren zunächst Stauschleusen, wie es sie zuvor auch schon am Ausfluß des Möllner Sees und im Lauf der Stecknitz gegeben hatte. Sie hielten das Wasser zeitweilig zurück, um es ansteigen zu lassen. Bei entsprechendem Wasserstand und damit bei erforderlicher Wassermenge wurde die Schleuse geöffnet (gezapft), so daß die talfahrenden Schiffe auf der Flutwelle einige Kilometer bis zur nächsten Schleuse weitergleiten konnten, wo das

Abb. 11. Modell einer Stauschleuse im Stecknitzkanal – Schleusentore während des Öffnens.

Verfahren dann in gleicher Weise erfolgte. Erreichte ein Schiff nicht rechtzeitig die nächste Schleuse, konnte es erst mit der nächsten Stauwelle bis zu dieser Schleuse gelangen.

Die bergfahrenden Schiffe mußten gleichzeitig durch Menschenkraft vom Ufer aus, wo ein Treidelpfad verlief, gegen den Strom gezogen werden.

Da die Kanalstrecke nur an einigen Stellen eingedämmt war, wurde das angrenzende Land jedesmal überschwemmt und gingen die Treidelkräfte häufig bis zu den Knien im Wasser. Nach durchschnittlich zwei bis drei Tagen – so lange dauerte das Anstauen des Wassers vor der Schleuse – konnte jeweils weitergefahren bzw. -getreidelt werden, so daß die Fahrt von Lübeck nach Lauenburg bzw. in umgekehrter Richtung meist einige Wochen dauerte.

Die frühen Schleusen des Stecknitzkanals wurden zwar meist als Stauschleusen erbaut, doch schon zwei sehr dicht aufeinanderfolgende Stauschleusen entsprechen in ihrer Funktion nahezu einer Kammerschleuse, und als solche wurden spätere Schleusenbauten meist ausgeführt. Der in hannover-lauenburgischen Diensten stehende Ingenieur-Offizier Johann Ludwig Hogreve beschreibt im Jahre 1780 Bau- und Arbeitsweise einer Stauschleuse: „Die (Schleusen) bestehen aus zwey Seitenwänden, die einen 16 bis 18 Fuß breiten Raum zwischen sich lassen; oben liegt quer über die Schleuse, ein Drehbalken, der sich mit dem Drehständer, und drey anderen an ihm hangenden Ständern, die unten durch ein Eisen zusammen gehalten werden, bewegt. Soll nun das Wasser gestaut werden: So setzet der Schleusenwärter, der über eine kleine, an einem anderen Drehbalken befestigte Brücke gehen kann, in die vier Zwischenweiten der hangenden Ständer, verschiedene leichte Schüttbretter übereinander, und schließet den ganzen Raum. Soll aber ein Schiff durchgelassen werden: So werden die Schüttbretter, eins nach dem anderen, heraus gezogen und das obere Wasser so weit abgelassen, bis es mit dem unten eine fast gerade abfallende Linie macht, da denn der Drehbalken mit seinen hangenden Ständern, der dem Wasser nur wenige Fläche entgegen stellet, herum gedrehet und längst der Seitenmauer angelegt wird, damit die Fahrt frey, und die Schiffe herauf oder herunter gehen können.

Die Schleusen auf der vorerwähnten Stecknitzfahrt sind von vorbeschriebenen nur darin unterschieden, daß sich auf jeder Seite, ein aus drey Ständern, zwey Querriegeln und einem Querbande zusammen gesetzter Thürrahmen befindet, die sich in Angeln bewegen, und sich unten gegen die Schwelle, oben aber gegen einen Drehbalken, der zugleich zum Stege dienet, stützen. Sie sind nur so breit, daß, wenn sie geschlossen, ein Raum zwischen ihnen bleibet, der ihrer halben Breite gleich ist, so, daß fünf Oefnungen entstehen. Diese werden durch Schüttbretter zugesetzt, und übrigens, wie bey der vorbeschriebenen Schleuse, verfahren.“

In seinem 1805 erschienenen zweiten Buch beschreibt Hogreve die 1789 von ihm erbaute neue Dückerschleuse bei Witzeeze, bei der erstmals ein Stemmtor zur Anwendung kam – mit ihren steinernen Seitenmauern ist sie heute die einzige erhaltene Stauschleuse des Stecknitzkanals. Die Schleusen wurden überwiegend aus Holz gebaut, so daß sie eine durchschnittliche „Lebensdauer“ von 30–40 Jahren hatten. Bei Reparaturen der Schleusen, die auch aufgrund von Beschädigungen überladener Schiffe notwendig wurden, mußte der Schiffsverkehr für einige Zeit unterbrochen werden, da ein vorübergehender Umlauf mit Notschleuse zu kostenaufwendig gewesen wäre und Schwierigkeiten mit den Grundeigentümern bedeutet hätte.

Kammerschleusen waren in ihrer technischen Konstruktion sehr viel schwieriger als Stauschleusen und erforderten einen erheblich höheren finanziellen Aufwand; außerdem mußte die Wasserzufuhr für den Schleusenvorgang sowie die Wassertiefe für den Kanal vor und hinter der Schleuse

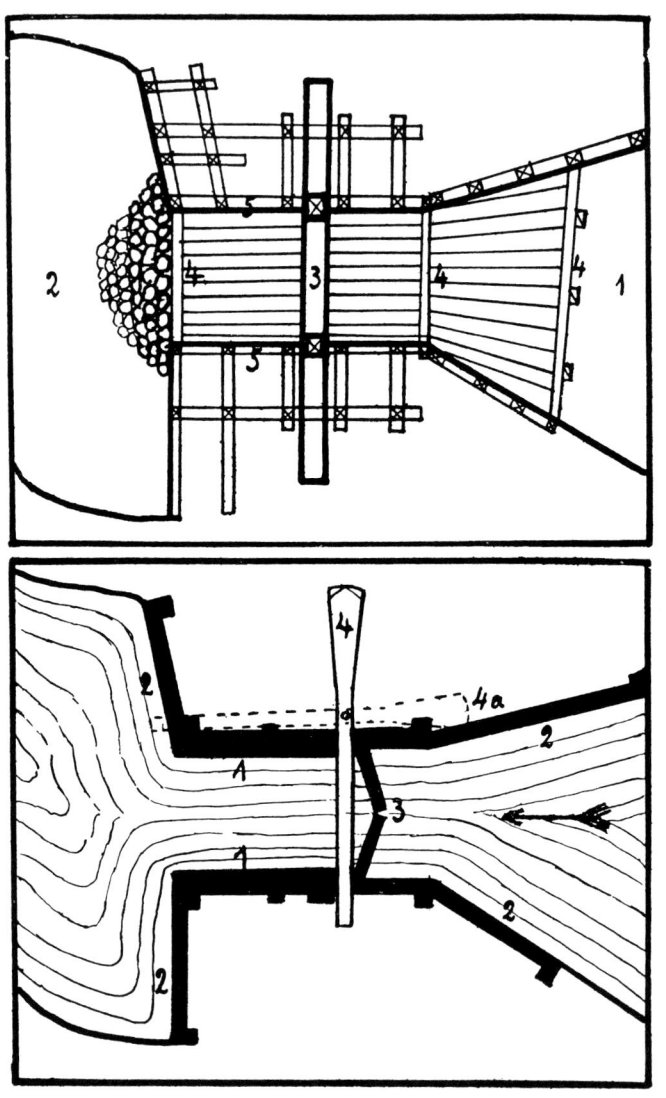

Abb. 12a+b. Grundwerk und Plan einer Stauschleuse im 18. Jahrhundert aus: W. Stier, Von den Schleusen des alten Stecknitzkanals. In: Heimatblätter, 1931, S. 359.
Die Bau- und Arbeitsweise einer Stauschleuse hat der Ingenieur-Offizier Johann Ludwig Hogreve im Jahre 1780 beschrieben (vgl. S. 25).

zum Befahren sichergestellt sein, ein großes technisches Problem auch im Hinblick auf die damit verbundenen Erd- und Sicherungsarbeiten. So erfolgte der Umbau einiger Stauschleusen des Stecknitzkanals zu Kammerschleusen erst im 19. Jahrhundert.

Der Stecknitzkanal hatte ursprünglich zwölf, zuletzt 17 Schleusen, und zwar neun im Aufstieg von der Elbe, acht im Aufstieg von der Trave, von denen drei Kastenschleusen (früher auch je nach Form als Kisten- oder Kesselschleusen bezeichnet) waren:

Berkenthiner Schleuse
Ihr Baujahr ist unbekannt, doch war die Stauschleuse schon vor 1390 vorhanden. Neubauten sind für die Jahre 1618, 1680, 1807 und 1862 verzeichnet. 1680 muß sie als Massivbau ausgeführt worden sein, denn Hogreve spricht in seinem 1780 erschienenen Werk von einer „steinernen Stauschleuse".

Untere oder kleine Donnerschleuse
Sie wurde vermutlich im 18. Jahrhundert als hölzerne Stauschleuse erbaut und 1805 erneuert.

Obere oder große Donnerschleuse
Ihr Baujahr ist unbekannt, doch war die Stauschleuse schon vor 1390 vorhanden; sie hieß früher Niederschleuse in bezug auf die Oberschleuse.

Untere und obere Donnerschleuse führten ihren Namen nach der Familie Donner, die im 17. Jahrhundert über mehrere Generationen Schleusenmeister stellte.

Zwischen den beiden Donnerschleusen gab es die vielgenutzte, nach 1810 durch Pfähle gesicherte Furt der Straße von Hamburg nach Lübeck durch den Stecknitzkanal.

Kleine oder untere Oberschleuse oder Erich(en)schleuse
Ihr Baujahr ist unbekannt, doch wird sie vermutlich in der 1. Hälfte des 14. Jahrhunderts erbaut worden sein; die Stauschleuse wurde 1880/81 erneuert.

Sie führte den Namen Erich-Schleuse nach Herzog Erich I., zu dessen Zeiten wahrscheinlich hier die erste Schleuse in der Stecknitz lag.

Große Oberschleuse oder obere Erich(en)schleuse
Diese hölzerne Stauschleuse lag von der kleinen Oberschleuse ca. 420 m entfernt. Das Baujahr ist unbekannt, es wird mit 1614 angegeben, ein Neubau wurde 1806/07 ausgeführt.

Um einen Wasserstand des Möllner Sees über +12 m NN zu vermeiden, wurde hier 1741 ein Stauzeichen – eine runde Kupferscheibe mit einem

Abb. 13. Die Stauschleuse in der Kehle bei Mölln.
Holzschnitt von A. Kiekebusch, 1894, aus: Ueber Land und Meer, 1894, Nr. 4.

Querstrich – angebracht. Der Schleusenmeister war verpflichtet, bei entsprechendem Wasserstand durch Öffnen der Schleuse das Wasser abfließen und im Winter die Schleusentore ständig offenstehen zu lassen.

Möllner Schleuse oder Möllner Kehle oder Schleuse „In der Kehle" oder Kehl-Brücken-Schleuse
Die kleinste der Stecknitzschleusen wurde 1601 gebaut und 1711 in Stein erneuert. Sie sollte die Überwindung der Höhendifferenz von 4,66 m zwischen dem Möllner See und der Scheitelstrecke erleichtern.

Untere und obere Hahnenburger Schleuse oder Hahnenburg
Die untere Hahnenburger Schleuse wurde beim Kanalbau (1391–1398) als Kammerschleuse, die obere in derselben Zeit als sog. Grabenschleuse (ebenfalls Kammerschleuse) erbaut und 1711/12 bzw. 1716 in Steinbauweise erneuert.
    1814 wurden beide Schleusen von der französischen Besatzungsmacht gesprengt, so daß später eine umfassende Reparatur notwendig war.

28

Abb. 14. Mölln, Hahnenburger Schleuse mit geschlossenem Schleusentor, um 1890.

Hornbeker oder Grambeker Schleuse
Sie wurde 1692 als hölzerne Stauschleuse erbaut und 1829/30 als massive Kammerschleuse erneuert, um die Kanalfahrt zu beschleunigen.
Die Schleusenkammer ist heute noch als Kellergeschoß eines Wohnhauses am Elbe-Lübeck-Kanal (Kanal-km 34,5) vorhanden.

Zie(h)nburger oder Siedenburger Schleuse
Sie wurde während der Kanalbauzeit (1391–1398) erbaut und 1752 in Steinbauweise erneuert.

Seeburger Schleuse
Die Schleuse wurde während der Kanalbauzeit (1391–1398) als Stauschleuse gebaut und 1834 durch einen hölzernen Neubau ersetzt.

Siebeneichener Schleuse oder Todenschleuse
Sie wurde 1792 als hölzerne Stauschleuse gebaut und 1850 als hölzerne Kammerschleuse erneuert.

Bekanntmachung.

In Auftrag Königlicher Regierung zu Ratzeburg werden hiedurch folgende genau zu befolgenden Vorschriften für **die Befahrung der neuen Kasten-Schleuse bey Grambeck** zur Kenntniß aller die Steckniß befahrenden Steckniß- und Lauenburger Schiffer gebracht:

§. 1.

Jeder Schiffer, der die Schleuse passiren will, ist verpflichtet, dem Schleusenmeister in allen seinen Anweisungen unweigerlich Folge zu leisten. Die oberhalb und unterhalb der Schleuse ankommenden Schiffe müssen sofort bey ihrer Ankunft vor der Schleuse an die im Canal stehenden Pfähle mit ihrem Vorderende angebunden werden, und erst nachdem dies geschehen, ist der Schiffer berechtigt, den Schleusenmeister aufzufordern, ihn durchzuzapfen. Das Schiff darf dabey niemals bis an die Thüren oder Mauern anstoßen, oder an dieselben angelegt werden. Der Schleusenmeister muß demnächst eigenhändig die Schütten auf- und zuwinden, und unter keiner Bedingung steht es dem Schiffer frey, dies selbst zu thun.

§. 2.

Sobald der Schleusenmeister die Oeffnung der Thüren vollendet und den Schiffer dazu aufgefordert, nicht aber eher, und nur dann erst, muß er sein an den Pfahl gebundenes Schiff lösen und dasselbe von einem Manne, welcher auf dem Leinpfad und auf der Mauer der Schleuse entlang geht, mittelst einer vorne angebrachten Leine langsam durch die Schleuse ziehen lassen, wobey einer im Schiffe dasselbe vor der Schleuse mit einem Staken, in der Schleuse aber mit den Händen, dirigirt, und es von der Mauer und den Thür-stendern abhält. Ist das Schiff in der Schleuse, so wird vorne sowohl wie hinten ein Tau durch einen Schleusenring gezogen, wodurch das Schiff beim Auf- oder Niederschleusen durch Anziehen oder Nachlassen gehalten, damit es nicht gegen die Pforten stoße. — Auch wird es den Schiffern zur Vorschrift gemacht, von jedem Schiffe vor dem Eintritt in die Schleuse ein etwa vorhandenes Steuer und sogenanntes Reeck abzunehmen.

§. 3.

Alles Stoßen der Schiffe an die Pforten sowohl als an die Mauern muß überhaupt durch ein vorsichtiges Abhalten, in der Schleuse mit den Händen und vor derselben mit Staken, vermieden werden. Hierbey dürfen jedoch überall keine Staken, sie mögen beschlagen oder nicht beschlagen seyn, zwischen den Schleusen-mauern gebraucht, und durchaus nicht, weder an die Mauern noch auf den Boden der Schleuse, aufgesetzt werden, indem beide Theile dadurch unvermeidlich Beschädigungen erleiden.

§. 4.

Die Leute, welche das Schiff ziehen, dürfen nur auf dem Leinenpfade, dem höchsten Theile der Ufer des neuen Canals gehen, niemals aber an das auf der Dossirung oder auf der Dossirungsbank, so wie überall das Gehen auf der Dossirung oder Dossirungsbank durchaus untersagt ist.

Zur Erhaltung der Ufer des neuen Canals ist es ferner nothwendig, daß die Staken nicht auf die Ein-zäunung derselben aufgesetzt, die auf derselben gepflanzten Weiden weder abgerissen noch abgeschnitten werden, welches alles hierdurch auf das Strengste verboten wird.

§. 5.

Alle Schiffer, welche den gegenwärtigen Vorschriften zuwider handeln, werden sofort, den Umständen nach, mit einer Geldstrafe von zwey bis achtzehn Mark, im Fall einer Wiederholung oder einer Widersetzlich-keit gegen die Anweisungen und Anordnungen des Schleusenmeisters aber, mit Gefängnißstrafe belegt.

Elb-Zoll-Geleite Lauenburg, den 28. October 1836.

J. F. P. Meyer.   C. F. L. Albinus.

Abb. 15. Bekanntmachung zum Befahren der neuen Kastenschleuse bei Grambeck vom 28. Okt. 1836. Landesarchiv Schleswig-Holstein Abt. 210 Nr. 2543.

Abb. 16. Modell der Palmschleuse in Lauenburg/Elbe um 1840.

Den selten gebrauchten Namen Todenschleuse führte sie nach den dort ansässigen Schleusenmeistern.

Büchener Schleuse
Die Schleuse wurde während der Kanalbauzeit (1391–1398) als hölzerne Stauschleuse gebaut und 1806/07 in Holzbauweise erneuert.

Niebu(h)rschleuse oder Behnenschleuse
Die Schleuse wurde während der Kanalbauzeit (1391–1398) als Stauschleuse gebaut; Daten eines (mehrfachen) Neubaus sind nicht bekannt.

Den Namen führte sie nach der hier 1551–1725 ansässigen Schleusenmeister-Familie.

Dü(c)kerschleuse oder Kronschleuse
Das während der Kanalbauzeit (1391–1398) errichtete und zunächst als

Kronschleuse bezeichnete Bauwerk ist die einzige heute noch erhaltene Stauschleuse des Stecknitzkanals. Sie wurde 1789 in Steinbauweise von Oberst Hogreve erneuert, 1813 von der französischen Besatzungsmacht gesprengt und 1815 in einer umfangreichen Reparatur wiederhergestellt.

Den Namen Dü(c)kerschleuse führte sie nach dem hier in der 1. Hälfte des 17. Jahrhunderts über 40 Jahre tätigen Schleusenmeister Hans Düker.

Palmschleuse oder Bu(c)khorster Schleuse

Die Schleuse wurde 1393 als hölzerne Kammerschleuse gebaut und 1724 nach den Plänen des Lübecker Baumeisters Joseph Wilhelm Petrini in Steinbauweise erneuert. Die Schleusenkammer erhielt dabei eine runde (ovale) Form, so daß dort bis zu zwölf der damaligen Stecknitzschiffe einfahren konnten. Die ovale Schleusenkammer hat eine Größe von 33,7 m Länge und 22,25 m Breite mit einer Durchfahrtsweite von 5,16 m.

Da die damaligen Neubaukosten von 22 000 Reichstalern von der Stadt Lübeck und dem Königreich Hannover gemeinsam getragen wurden, zeigt die Wappentafel an der Ostseite der Schleusenkammer den Lübecker Doppeladler, die Westseite das Monogramm König Georgs I. von Großbritannien und Hannover sowie jeweils die Jahreszahl 1724.

Sie führt ihren Namen nach dem aus Braunschweig stammenden Schleusenmeister und Wassermüller Palm, der 1592 von Herzog Franz II. hier eingesetzt wurde.

Frauweider-(Froweider-) oder Hafenschleuse

Im Zuge der Grabung eines neuen Mündungsarmes der Delvenau in die Elbe im Jahre 1396 wurde die Vroweder (= Freuden-)Schleuse errichtet, um die Delvenau gegen die Elbe abzudämmen und auch bei Elbniedrigwasser eine noch von Schiffen zu nutzende Wassertiefe in der Delvenau zu halten. Der Name wurde dann allmählich zu Froweider- und später Frauweiderschleuse verflacht.

1747 wurde sie von dem hannoverschen Oberlandbaumeister v. Bonn als massive Stauschleuse erneuert, 1816 von den Franzosen gesprengt, drei Jahre später instandgesetzt, 1852 als Kammerschleuse in Massivbauweise erneuert und in Hafenschleuse umbenannt.

Bei mehreren Schleusen lagen in unmittelbarer Nähe die Wohnhäuser der Schleusenmeister, wo auch Bier und Branntwein ausgeschenkt und zur Übernachtung der Stecknitzfahrer, ihrer Frauen und Kinder ein Raum bereitgehalten wurde, „da diese besonders bei nassem kalten Wetter nach vollendeter Tagfahrt durchaus einer Erholung in einem warmen Zimmer bedürfen, welches sie in ihren Schiffen und den darin befindlichen Buden gänzlich entbehren". Diese Gehöfte sind meist erst längere Zeit nach der Eröffnung

Abb. 17. Mölln, Schleusenwärter-Haus der Hahnenburger Schleuse, um 1890.

des Kanals eingerichtet worden, in Büchen und Siebeneichen zu Beginn, bei der Zienburger und Seeburger Schleuse um die Mitte des 15. Jahrhunderts. Solche Schleusenmeisterhäuser des Stecknitzkanals gibt es heute noch in Siebeneichen, von der Niebuhrschleuse, bei der Dücker- und bei der Palmschleuse.

Da der Stecknitzkanal keine große Tiefe und an einigen Stellen zudem Furten hatte, so daß er durchfahren oder durchwatet werden konnte, bedurfte es lange keiner Brückenbauten oder Fährverbindungen. Erst mit Zunahme des Landverkehrs und dem Bau von Eisenbahnlinien wurde es notwendig, feste Verbindungen von Ufer zu Ufer herzustellen. So gab es später (Baujahr in Klammern)
– eine Brücke bei Genin (1866), die die 1826 eingerichtete Fähre ablöste,
– eine Eisenbahnbrücke bei Genin (1880),
– eine Drehbrücke bei Niederbüssau (1833),
– eine Brücke bei Kronsforde (1814),
– eine Brücke bei Krummesse (1814),
– eine Zugbrücke bei Berkenthin (1814),
– eine Drehbaumbrücke bei Hollenbek,
– eine Drehbrücke an der großen Donnerschleuse (1881),
– eine Brücke in Anker (1861),
– eine Brücke bei Grambek (1850),
– eine Klappbrücke in Lauenburg an der Delvenau-Mündung (1853).

33

Verkehrsabwicklung

Salzführer, Stecknitzfahrer, Linienzieher

Obwohl im Bauvertrag für den Stecknitzkanal freie Schiffahrt für jedermann zugesichert war, forderten die Salzführer oder Salzherren, eine Art Lübecker Kaufmannsgilde oder Kollegium, denen der Salzhandel mit Lüneburg oblag, die Schiffahrtsberechtigung einschließlich des Transportes von Kaufmannsgütern aller Art auf dem Kanal für sich allein. Die Salzführer handelten den künftigen Jahresertrag der Saline auf einmal aus und verhandelten dabei unmittelbar in Lüneburg mit den Salzproduzenten. Sie vermittelten außerdem auch den Absatz des Salzes in die Ostseeländer, so daß sie eine zentrale Stellung im Salzhandel hatten.

Zu Beginn des 15. Jahrhunderts suchten die Städte Wismar und Rostock wiederholt in Lübeck um Erlaubnis nach, den Delvenaugraben (= Stecknitzkanal) ebenfalls zu befahren, doch gelang es den Lübeckern, sie von der Fahrt auf der neuen Wasserstraße auszuschließen – immer wieder wurde als Begründung für das alleinige Nutzungsrecht durch Lübeck angeführt, daß die Stadt keine andere Wirtschaftsgrundlage als den Handel habe, wobei insbesondere der Salzhandel von hervorragender Bedeutung sei; man könne anderen als den lübschen Kaufleuten die Benutzung des Wasserweges nicht einräumen.

In unermüdlichem Bemühen setzten die Salzherren dann bis 1598 ihren Alleinanspruch auf die Stecknitzfahrt durch, der ihnen 1661 in einem Abkommen mit der Stadt Lübeck bestätigt wurde, und erlangten so eine Monopolstellung. Die Salzführer hatten damit für beinahe 300 Jahre jegliche Konkurrenz ausgeschaltet; sie konnten zugleich auf den Preis des Lüneburger Salzes starken Einfluß nehmen, und der Gewinn aus dem Frachtgeschäft floß ihnen alleine zu.

Die Salzführer als kapitalistisch handelnde Unternehmer betrieben ausschließlich den Groß- und Fernhandel im Salzgeschäft, denn wegen seiner Massenhaftigkeit und Schwere eignete sich das Salz nicht zum Handel im Umherziehen. Der Verkauf im Kleinen war Aufgabe der Höker, die jedoch nur mit einer Salzart handeln und nur einen begrenzten Vorrat in ihren Kellern halten durften.

Die Lübecker Salzführer achteten auf eine peinliche Trennung von den Krämern und Hökern, die zu den Ämtern, also den Handwerkern, zählten. Sie verzichteten bewußt auf den Kleinhandel, und so ist auch nie von einem Streit oder Zwist zwischen Salzführern und Kleinhandel zu hören. Der Streit ging stets um das Alleinhandelsrecht mit Lüneburg.

Das Lübecker Patriziat rekrutierte sich zum Teil aus den Salzführern, von denen viele auch zu den Schonenfahrern oder zur Kaufleutekompanie

Abb. 18. Lübeck, Obertrave mit Hartengrube, um 1900.
Rechts: Stecknitzfahrer-Kahn am Ufer der Trave.

gehörten. Die Lübecker Salzführer besaßen keine staatliche Autorität, ihre Stärke beruhte allein auf ihrem Zusammenhalt und ihrer Organisation.

Die Salzführer bildeten ein streng organisiertes Händlerkartell, das nur ihm genehme Kaufleute aufnahm, die über ein bedeutendes Kapital verfügten und somit eigene Stecknitz-Schiffe kaufen konnten. Sie besaßen ein gemeinsames Kontor zur Annahme der Frachten.

Während die Salzführer als angesehene Lübecker Kaufleute in den besseren Wohngegenden der Hansestadt ihre Häuser hatten, wohnten die Stecknitzfahrer geschlossen im sogenannten Stecknitzfahrer-Viertel zwischen Dankwarts- und Hartengrube und Obertrave in der Nähe des Liegeplatzes ihrer Schiffe.

Die Stecknitzfahrer schlossen sich sehr früh zu einer geistlichen Bruderschaft zusammen und erwählten Maria Magdalena zu ihrer Schutzheiligen. Als geistliche Bruderschaft mit Wohnsitz an der Obertrave gehörten sie zur Domgemeinde, wo sie in kirchlichen Angelegenheiten aufgrund der Stiftung einer Kommende ein Mitspracherecht hatten. Das Wappen der Stecknitzfahrer zeigt auf rotem Grund einen mit einem Bootshaken schräg gekreuzten Schiebestaken (beide in Gold).

In der Reformationszeit erfolgte der Wandel der Stecknitzfahrer zu einer geschlossenen Berufsgemeinschaft mit fester Organisation, einer Binnenschifferinnung mit korporativen Rechten, die der Rat der Hansestadt Lübeck ihnen am 22. Januar 1592 verlieh. Im Jahre 1630 wurde die erste Zunftrolle der Stecknitzfahrer eingeführt, damit das Amt der Stecknitzfahrer geschaffen, und am 22. Juli 1635 wurden die Stecknitzfahrer in der „Amtsrolle" bestätigt – sie waren also eine junge Gilde. Der Beruf des Stecknitzfahrers war dennoch weiterhin kein Lehrberuf, sie bildeten daher auch keine Gesellen aus. An der Spitze des Amtes stand der von allen Stecknitzfahrern auf mindestens ein Jahr gewählte Ältermann, der seinerseits drei Mitälteste vorschlug und die beiden Büchsenschaffer, die Kassenwarte des Amtes, ernannte.

Damit die Hansestadt Lübeck an der allmählich immer mehr an Bedeutung gewinnenden Elbeschiffahrt teilnehmen konnte, verzichtete sie 1844 auf das Alleinrecht zum Befahren des Stecknitzkanals und löste zum 30. Oktober jenes Jahres das Amt der Stecknitzfahrer auf. Am 22. Februar 1846 kamen in Lübeck die 37 eingeschriebenen Stecknitzfahrer zusammen, um das Amtsvermögen unter sich aufzuteilen. Die Stecknitzfahrer waren dann seit 1854 Mitglieder im Verein Lübecker Flußschiffer.

Die Salzführer waren die Schiffseigner, und ihr Kollegium unterhielt zwei Schiffsbaustätten in Lübeck am Wall beim Holstentor. Jährlich zu Fastnacht stellten sie als ihre Dienstknechte einige Schiffsführer, die Stecknitzfahrer, an, wobei zunächst als einzige Vorbildung ausreichende Körperkräfte gefordert wurden, um bei Bedarf das Schiff staken zu können. Die Stecknitzfahrer mußten ihrerseits Mast, Segel, Tauwerk und Werkzeuge stellen, die „Buts", eine Art Bude oder Kajüte auf dem Schiff zum Schlafen und Aufbewahren von Vorräten, bauen sowie für das Schleusengeld und den Lohn der Linienzieher aufkommen. Es gab

1540	14	Salzführer	79	Stecknitzfahrer
1560	9	"	79	"
1569	10	"	62	"
1575	10	"	58	"
1595	10	"	52	"
1610	10	"	50	"
1624	10	"	41	"
1661	10	"	43	"

Das Verhältnis zwischen den Salzführern und Stecknitzfahrern war durch mehrere Jahrzehnte im 16. und 17. Jahrhundert durch Spannungen mannigfacher Art und Aushandeln von Tarifverträgen, die meist mit 15jähriger

Abb. 19. Lübeck – Blick von der Bastion Commiß auf die Stadt (Ausschnitt)
Ölgemälde von C. Birkenstaedt, 1827.
Im Vordergrund Waschsteg und Stecknitzfahrer-Kahn.

Dauer geschlossen wurden, bestimmt. Die Stecknitzfahrer bildeten bald eine straffe Organisation und verhängten auch einen Boykott über einen Salzführer, wenn er versuchte, Schiffe nach seinem Willen zu vergeben. Um ihre Ansprüche durchzusetzen, scheuten sich die Stecknitzfahrer auch nicht, mit Gewalt gegen Streikbrecher vorzugehen. Die Salzführer waren dabei stets unterlegen, denn sie haben es nie zu einem wirklichen Kampf kommen lassen.

Der Stecknitzfahrer-Beruf wandelte sich infolge dieser Entwicklung vom wenig geachteten Kanalschiffer zum vielbegehrten Versorgungsposten.

Als 1935 das Amt der Stecknitzfahrer neu begründet und die Mitgliederzahl zugleich auf 40 beschränkt wurde, war dessen einzige Aufgabe, die überkommene Tradition mit dem Jahrestreffen, der Kringelhöge, fortzusetzen. Das „Amt der Stecknitzfahrer", deren Wahlspruch lautet „Nie störe Zwietracht unsere Einigkeit", ist heute die älteste noch bestehende Flußschiffergemeinschaft Europas.

Die Einkünfte der Stecknitzfahrer müssen sehr gut gewesen sein, was seinen Ausdruck in zahlreichen mildtätigen Stiftungen und Geschenken fand. Sie hatten über die Jahrhunderte hinweg auch stets eine enge Verbindung zur Kirche, und zwar nicht nur zum „heimatlichen" Dom in Lübeck, sondern auch zu den sogenannten Kanal-Kirchen in Krummesse, Berkenthin, Nusse, Mölln, Siebeneichen, Büchen und Lauenburg. Ein Teil dieser kostbaren Geschenke überdauerte die Wirren der Zeitläufe.

Im Dom zu Lübeck steht heute zur Linken des Triumphkreuzes – einst im Süderturm – der sog. Stecknitzfahrer-Altar, ein dreiflügeliger Schnitzaltar aus dem Jahre 1422, den die Stecknitzfahrer einst für die Pfarrkirche St. Nicolai unter den Domtürmen gestiftet hatten. Der Altar war ihrer Schutzpatronin Maria Magdalena geweiht und zeigt in der oberen Ecke der Außenseite das Stecknitzfahrer-Wappen. Die Mitteltafel enthält unter einem Maßwerkbaldachin die Figuren der Maria mit dem Kind zwischen der Heiligen Katharina und der Heiligen Barbara. In den Flügelbildern sehen wir vier weihnachtliche Szenen der Menschwerdung Christi: Verkündigung, Heimsuchung, Geburt Christi und Anbetung der Könige; die Außenseiten der Flügel zeigen oben Johannes den Täufer und unten St. Blasius (links), oben St. Nikolaus und unten Maria Magdalena (rechts).

1654 stifteten die Stecknitzfahrer dem Dom einen 170 cm hohen, zwölfarmigen messingnen Kronleuchter, der nach oben die Doppelstatuette der Maria Magdalena zeigt, auf der großen Kugel zweimal das Wappen und die Inschrift: ANNO 1654 DEN 26 APRIL HABEN DIE SEMPTLICHEN STEKENFAR* DIESE KRON ZV EWIGER GEDECHTNIS VOREHRET VND SINT ELTESTEN* BALTZER PASSEFAL BERENT MARTENS; er hängt wie ehedem vor dem Ausgang zum „Paradies".

Das wohl bedeutendste Geschenk der Stecknitzfahrer an die Domgemeinde ist das 1572 gestiftete, kunstvoll geschmiedete Gitter mit 25 Stab-

Abb. 20. Lübeck, Dom, Stecknitzfahrer-Altar von 1422.

werkbündeln im Holzrahmen um den Kanzelfuß, der die Gestalt des Moses zeigt; um jeden senkrechten Gitterstab sind sechs vierfach verknotete Schlingen geflochten.

Am oberen Umlauf steht:
>   Einen Propheten alsemi wert die
>   de here din Gott erwecken uth di un uth
>   dine Brodern
>   den Schole gi hore.   Deut. 18
>
>   Van siner VVLLE hebbe wi alle genamen
>   Gnade vor Gnade   Johunes I

Abb. 21. Lübeck, Dom, Stecknitzfahrer-Altar von 1422; Außenflügel ge-schlossen; oben links: Johannes der Täufer, unten links: St. Blasius, oben rechts: St. Nikolaus, unten rechts: Maria Magdalena, die Schutzheilige der Stecknitzfahrer.

Rechts: Abb. 22. Lübeck, Dom, Gitter der Stecknitzfahrer von 1572 um den Kanzelfuß.

15 HF 68

HEBBE WI ALLE GE=
DE VOR GNADE
NNES·I·

DAT GESETTE IS DORC
VND WARHEIT IS DO
IG

DORCH DER STEKENSFARER MILDIGHEIT DIT

Dat Gesette is dorch Mosen gegeven
de Gnade und Warheit is dorch Jesum Christ geworden.

> Johanes I

Die Inschrift auf dem Holzrahmen lautet:
DORCH DER STEKENSFAHRER MILDIGHEIT DIT
SCHRANCKWARCK HIR VM MOSEN STEIT.
1572. REN. 1777, 1885, 1953 u. 1972.

Auf dem hölzernen Fuß des Gitters steht:
Jeder mach my wol ansen vnd voräver gan,
he late my vnschamferet vnd vnbeflecket stan:
wol myne tafelen tobrickt, den mach de Herrgott slan.

Außerdem sind fünf weitere niederdeutsche Verse und zweimal das Wappen
der Stecknitzfahrer am Gitter zu sehen. Da die ineinander verschlungenen
Eisenstäbe keine Schweißstellen aufweisen, soll der Sage nach der Teufel
beim Herstellen des Gitterwerkes mitgewirkt haben. Der Meister habe mit
seiner Zange den Teufel am Schwanze gepackt und ihn solange gezwackt, bis
er ihm zusagte, die kunstvolle Arbeit zu fertigen, die keine Menschenhand
herstellen könne.

Wie in allen Kanal-Kirchen besaßen die Stecknitzfahrer auch im Dom zu
Lübeck einen eigenen Kirchenstuhl, den sie am 6. März 1567 bei dem Dom-
werkmeister Marcus Bockmeyer kauften und der 1942 bei dem Brand des
Domes verlorenging. In den Kirchen in Krummesse (Reihe Nr. 10) und Siebeneichen ist noch das Stecknitzfahrer-Wappen an einigen Bänken vorhanden, in St. Nicolai zu Mölln das reich ausgestaltete, 1576 angeschaffte fünf
Meter lange Gestühl in den Formen der Frührenaissance mit der geschnitz-
ten Inschrift: DISSE STOL HORT DEN STEKEVARES VNDE ERREN
ERVEN 1576.

Ein besonderes Geschenk der Stecknitzfahrer an die Möllner Nicolai-
Kirche ist der 1,8 m hohe, siebenarmige Bronzeleuchter, den sie in der Stecknitz fanden und nach der Restaurierung der Kirche schenkten. Der Bronze-
leuchter soll 1436 gefertigt worden sein und dem Kloster in Marienwohlde
gehört haben; bei der Zerstörung des Klosters im Jahre 1534 sollen die Mön-
che dann den Leuchter im Wasser versteckt haben. Auf der von drei liegenden Löwen getragenen Fußplatte steht:
ANNO 1669 IST DIESER LEVCHTER RENOVIERT
GEHÖRT DEM AMPT DER STECKENVARER
Zeugnis der großen Bedeutung der Stecknitzfahrer in vergangenen Zeiten ist
auch der umfangreiche Grundbesitz gewesen. 1563 erwarben sie in Lübeck
von der Witwe Abelke des Bürgermeisters Dr. Hermann Falke das Gang-

Abb. 23. Mölln, St. Nicolai, Kirchenstuhl der Stecknitzfahrer von 1576.

Abb. 24. Mölln, St. Nicolai, Bronze-Leuchter von 1436.

haus Nr. 756 und den Wohngang Nr. 755 (Hartengrube 25); das Haus wurde zum Amtshaus ausgebaut und bis zur Auflösung des Amtes der Stecknitz-fahrer im Februar 1846 als Versammlungslokal benutzt. Im Erdgeschoß richteten die Stecknitzfahrer eine Schankwirtschaft mit zwei langen Eichen-tischen und hochlehnigen Bänken an den Wänden, im Obergeschoß einen Gemeinschaftssaal ein. Auf der Diele hing das maßstabgerecht gebaute Mo-dell eines Stecknitzfahrerschiffes, die Meisterarbeit eines Lübecker Schiffs-bauers. Das Haus ging dann im Verkaufswege für 4020 Courant Mark auf den beliebten Amtskrüger Georg Hinrich Christian Stange über, doch die Stecknitzfahrer kamen dort weiterhin zusammen. Der Stecknitzfahrer-Gang, wie der Armengang bald allgemein im Volksmund hieß, wurde 1903 für den Neubau des Amtshauses eingerissen.

Das 1904 nach Plänen des Architekten Heinrich Hangen erbaute neue Amtshaus zeigte über dem Portal zwei Stecknitzfahrer-Figuren des Bild-hauers Cuwie. Im Innern gab es im Erdgeschoß ein Gast- und ein Sitzungs-zimmer, letzteres mit zwei großen Wandgemälden des Malers Joh. Well-mann, sowie einen Tanzsaal. Es wurde von den Stecknitzfahrern aber nicht bezogen, da der Neubau zu klein war.

Wie in Lübeck – seit 1566 auf dem Domfriedhof – hatten die Stecknitz-fahrer auch auf den Friedhöfen der Kanal-Kirchen ihre eigenen Begräbnis-plätze. Als zu Beginn des 19. Jahrhunderts der Lübecker Burgtorfriedhof angelegt wurde, auf dem für alle fünf Hauptkirchen der Stadt ein „Quartier" festgelegt war, erhielten die Stecknitzfahrer im Dom-Quartier einen 24 Grabstellen großen Platz zugewiesen, den sie mit vier Ecksteinen kenn-zeichneten als „Begräbnisplatz der Stecknitzfahrer 1835". Dieser Begräbnis-platz ist heute noch vorhanden ebenso wie die in Nusse, der durch Begren-zungssteine von 1876 mit dem Wappen der Stecknitzfahrer gekennzeichnet ist, und in Berkenthin; in Nusse ruht auf dem Platz der letzte Schleusenmei-ster der Donnerschleuse, denn seit 1800 hatten die Stecknitzfahrer den Schleusenmeistern die Mitbenutzung ihrer Kirchenstühle und Begräbnis-plätze erlaubt.

Da die Kanalfahrt im Winter aufgrund des Eises nicht möglich war, leg-ten die Stecknitzfahrer ihre Amtswoche in den Januar. Sie begann früher alljährlich am Montag nach dem Dreikönigstag und dauerte ursprünglich sieben, später drei Tage. Alles, was im Laufe des vergangenen Jahres vorge-fallen war, kam zur Sprache. Es wurden private wie geschäftliche Ange-legenheiten verhandelt.

Am festgesetzten Montag um 10 Uhr vormittags versammelten sich die Stecknitzfahrer im Amtszimmer, die Ältermänner eine halbe Stunde früher. Der Wortführer hatte das Regimentsholz vor sich liegen, und sobald er drei-mal damit kräftig auf den Tisch geklopft hatte, wurde es still und die erste Amtshandlung eröffnet. Unentschuldigt durfte niemand fehlen, sonst wurde

Abb. 25. Lübeck, Hartengrube 25, das alte Amtshaus der Stecknitzfahrer, um 1905.

46

Abb. 26. Berkenthin, Friedhof an der Kirche, Begräbnisplatz der Stecknitzfahrer, 1990.

über ihn eine Amtsstrafe – meist eine Geldbuße – verhängt. In der Amtswoche wurden auch neu eintretende Mitglieder feierlich eingeschrieben und verpflichtet. Allerdings hatten Bewerber nur eine Chance, wenn sie der Familie eines Amtsbruders angehörten oder dort einheirateten, denn die hatten sozusagen ein (angeborenes) Vorrecht bei der Aufnahme – das Amt hielt im übrigen darauf, daß die Zahl der Mitglieder nie 28 bzw. 29 überstieg. Alle Vorgänge sowie Einnahmen und Ausgaben wurden in das Amtsbuch eingetragen.

Den Abschluß der Amtswoche bildete die Kringelhöge, die ursprünglich Fastelabend hieß, da sie einst am Abend vor Beginn der Fastenzeit gefeiert wurde. Der Name Kringelhöge stammt daher, daß am vorangehenden Mittwoch, einst Waisenkinderabend genannt, die Kinder aus dem Waisenhaus in das Amtshaus kamen und dort sangen. Die Stecknitzfahrer bewirteten die Kinder als Dank für den Gesang mit (Eier-)Kringeln, Käse und Getränken, worüber sich die Kinder „högten" (freuten).

Abb. 27. Zinnkrüge der Stecknitzfahrer; auf dem linken Krug sind die Jahreszahl 1763 und das Wappen der Stecknitzfahrer, Haken und Staken, zu sehen.

Die Kringelhöge, die als letzter Rest der Amtswoche heute noch als Herrenfrühstück im Zeichen der Traditions- und Geschichtsverbundenheit im Katholischen Gesellenhaus in Lübeck an jedem dritten Dienstag im Januar gefeiert wird, beginnt um 10 Uhr morgens mit einem allgemeinen Frühstück, das jeder mitgebracht und vorher bei den in blaue Westen gekleideten Schaffern abgeliefert hat. Sechs Schaffer richten das Frühstück her und schenken das extra für den Tag gebraute Braunbier aus, das aus alten Zinnkrügen, den Kroosen oder Krösen, getrunken wird. Früher gab es dazu noch einen Schnaps, den „Grönen" (wegen des grünlichen Aussehens).

48

Abb. 28. Kringelhöge der Stecknitzfahrer; Schaffer zapfen das Braunbier in die Zinnkrüge, um 1935.

Die großen, zwei bis vier Liter fassenden, über 100 Jahre alten Zinnkrüge gehen von Hand zu Hand und dürfen, einmal angetrunken, erst abgesetzt werden, wenn sie leer sind. Einher gehen die alten Trinksprüche, und zwar sagt der Antrinkende: „Ick drink di to", der Angesprochene erwidert: „Dat do", dann sagt er nach einem Zug: „Ick mag nich mehr", schließt den Deckel und reicht den Krug weiter, wobei der Übernehmende sagt: „Lang mi mal her" und die Übernahme mit Handschlag bestätigt. So geht der Krug reihum, und wenn er dann leer ist, wird er mit offenem Deckel auf den Tisch gestellt – der Schaffer tauscht ihn dann mit Handschlag gegen einen vollen Krug aus.

Nach dem Frühstück folgt der gemütliche Teil mit Rum-Grog, der in großen Kummen aufgetragen und mit dem Füllöffel eingeschenkt wird, und dem Rauchen langer Tonpfeifen. Der edle, würzige Virginia-Tabak oder Knaster liegt auf großen Zinntellern, und die Pfeife darf nur mit einem Fidibus (Holzspan), die auf den Rändern der Leuchter bereitliegen, angezündet werden – sonst gibt es eine Geldstrafe. Zugleich werden nach Anweisung des Ältermannes Lieder gesungen, die meist dem Stecknitzfahrer-Beruf entstanden, wie z. B.:

Die Ladung liegt im Schiffe schon,
bestellt die Deklaration;
nun kommt an Bord das Weib und Kind,
der Strom ist gut und flott der Wind.

Und legt das Schiff dann aus dem Baum,
dann füllen Segel ihren Raum.
Ist uns ein guter Wind verliehn,
kommt bald Krummesse, dann Berkenthin.

Die Donnerschleuse, die kommt dann,
bei Mölln, da legen wir froh an.
Fideler Sinn, der hilft uns durch
bei Büchen und bei Lauenburg.

Dann geht's zur Elbe froher Fahrt
nach Hamburg, unsrer Schwesterstadt.
Da heißt es: „Brüder seid willkommen!"
Es wird gelöscht und eingenommen.

Dann segeln fröhlich wir retour,
von Griesgram hat man keine Spur.
Und legen wir in Lübeck an,
dann jubelt froh der Stecknitzfahrer-Mann.

Am Abend feiern dann die Stecknitzfahrer mit ihren Frauen einen Ball, zu dem zahlreiche Gäste geladen werden; dieser Ball wurde früher mit dem alten schnellen Schiffertanz „Söbensprung" eröffnet, und es gehörte auch stets der „Englisch Jack", ein Tanz mit drei Personen, dazu.

Das Amt der Stecknitzfahrer durchlebte im Laufe der Jahrhunderte den Weg von einer ursprünglich geistlichen Bruderschaft über die Zunft, Innung und Berufsorganisation zu einem historischen Verein.

Bei der Fahrt bergwärts mußten die Schiffe, solange genügend Wasser im Kanal war, gegen den Schwall getreidelt oder gezogen werden – diese Tätigkeit verrichteten die Linienzieher, auch Linientöger oder -trecker genannt, wobei das Wort Linie von Leine abzuleiten ist. Die Linienzieher waren Hilfskräfte der Stecknitzfahrer und wurden von ihnen entlohnt. Die Bauern der anliegenden Dörfer waren verpflichtet, diesen Dienst, der in alten Zeiten gewinnbringend war und später als eine Last empfunden wurde, auf Ansage zu leisten oder – z. B. bei Krankheit – Ersatzkräfte zu stellen.

Die Dienstpflicht für die Bauern vererbte sich mit der Hofstelle, so daß es nicht notwendig war, jemals neue Personen anzuwerben. Das Dorf Krummesse war sogar um 1400 in mehrere kleine Stellen aufgeteilt worden, um dort eine Reihe von Leuten anzusiedeln, die für den Kanalbetrieb als Linienzieher gebraucht wurden. Die Linienzieher waren sich ihres Wertes für die Kanalschiffahrt bewußt. Sie konnten anläßlich interner Streitereien oder mit überhöhten Forderungen leicht den gesamten Verkehr blockieren und scheuten auch vor derartigen Maßnahmen nicht zurück, wenn es galt, ihre (vermeintlichen) Rechte durchzusetzen. So beklagten sich z. B. die Stecknitzfahrer am 30. Januar 1792: „Diese Leute würden stets unsere guten Freunde seyn, wenn wir nur ihre Taschen mit so vielem Gelde bespicken wollten und könnten, als sie ordnungswidrig von uns verlangen, und wenn wir nur ihre Leiber mit Bier und Brandtwein so häufig und voll beladen könnten und wollten, als sie darnach trachten, sich von uns mit solchen Getränken beladen zu lassen."

Der Linienzieher zog vom zwölf Fuß breiten Treidelsteg am Ufer das Schiff an einer langen, am Mast befestigten Leine (Schleppseil), mit der freien Hand faßte er den „Schippstock", um sicheren Halt zu haben und sich kräftiger in die Leine zu legen. Das Waten im aufgestauten kalten Wasser bei Wind und Wetter brachte zusätzliche Belastungen zu der schweren körperlichen Arbeit. Die Zahl der Linienzieher war je nach Beladung des Schiffes verschieden; erforderlich waren zwei bis elf Mann.

Früher holten die Kronsforder Linienzieher die Schiffe vom Oberwasserbaum in Lübeck ab und brachten sie bis Krummesse. Dann wurden sie von den Krummesser Linienziehern bis Berkenthin gebracht und von dort von den Berkenthinern bis zur Donnerschleuse, wo die Scheitelstrecke begann, getreidelt. Die Schiffe konnten somit dreimal pro Woche von Lübeck aus stromaufwärts befördert werden. Zu Beginn des 19. Jahrhunderts schieden die Kronsforder Linienzieher aus, und die Krummesser übernahmen die Dienstleistung; da Krummesse in jener Zeit kein besonders volkreiches Dorf war, konnten die Bewohner manchmal nicht der Verpflichtung nachkommen – und so gab es wiederholt Klagen der Stecknitzfahrer.

Daher wurde am 1. März 1839 eine Dienstordnung für die Krummesser Linienzieher erlassen. Nachdem 1848 die Zunftschranken und Privilegien der Stecknitzfahrer aufgehoben waren, wurden die Rechte und Pflichten der Linienzieher am 16. Februar 1848 vertraglich festgelegt, wobei es in § 1 heißt: „Die 24 Linienzieher übernehmen für die sie zu diesem Linienzieherdienst annehmenden Schiffer als, was dieses Geschäft betrifft, ihre Dienstherrn, den Transport ihrer Schiffahrt von Lübeck beim Wasserbaum bis zur Berkenthiner Schleuse und erhalten dafür vom Schiffer für jede Tour d. h. für die eine Tour von Lübeck bis Crumeße, wie auch für die Tour von Crumeße bis nach Berkenthien in baarem Gelde a. Mann Linienzieherlohn 26 Schillinge, eine halbe Flasche Branntwein und so viel Bier als sie trinken mögen."

Ein Stecknitzfahrer hatte zu gleicher Zeit die Fahrt von 3 Stecknitzschiffen, d. h. also einen Verband, zu leiten, denn nur so ergab sich angesichts der beschwerlichen Schiffahrt und der Ausgaben für die Linienzieher für ihn ein Verdienst bei annehmbaren Frachtraten. Dabei fuhr man stets in „Flotten", d. h. mit mehreren Verbänden, um eine möglichst große Rentabilität des Wasserweges zu erreichen. Mit einer Schwellung kamen ca. 24–40 Prähme nach Lübeck. Um Ordnung in den Schiffahrtsbetrieb zu bringen, wurde die Reihenfolge der Durchfahrt der einzelnen Schiffe durch besondere Vorschriften geregelt. Eine solche „Reihe-Ordnung" muß schon um 1645 bestanden haben, denn auf eine damalige Beschwerde des Herzogs August zu Sachsen, Engern und Westfalen antworteten die Salzführer, daß die Reise von Lübeck nach Lauenburg, welche früher 3 bis 5 Wochen dauerte, jetzt aufgrund der eingeführten Reihefahrt in 14 bis 16 Tagen zurückgelegt würde. Am 28. Juli 1819 erließ der Rat der Stadt Lübeck eine neue Reiheordnung, die jedoch keine wesentliche Beschleunigung in der Kanaldurchfahrt brachte.

Dem Verkehr auf dem Stecknitzkanal – somit der Entwicklung der Schiffsgrößen und Ladekapazitäten sowie der Verkürzung der Fahrzeiten – waren durch die technischen Gegebenheiten des mittelalterlichen Wasserweges zwar Grenzen gesetzt, doch versuchte man eine Beschleunigung durch finanzielle Anreize zu erreichen. Erste Maßnahme war die 1831 vom Lübecker Senat genehmigte Einrichtung von Extrafahrten mit einzelnen Schiffen gegen höhere Frachtgebühren, zweite Maßnahme ab 1840 die Auslobung von Prämien für schnelle Fahrt von Lauenburg nach Lübeck, was den größten Erfolg hatte. Die Fahrzeit konnte so auf die Hälfte, d. h. 8 Tage, als Regel reduziert, bei gutem Wind und Wasser sogar auf 5 Tage abgekürzt werden. Die Einführung einer Prämie für die Fahrt von Lübeck nach Lauenburg unterblieb jedoch, da für die Warenbeförderung nach Lauenburg die Zeit keine so große Rolle spielte und außerdem durch die eingerichteten Extrafahrten stets eine ausreichende Anzahl Schiffe in Lübeck vorhanden war.

Wirtschaftliche Bedeutung, Schiffstypen

Durch den Bau des Stecknitzkanals wurde der Handel mit Salz aus Lüneburg über Lübeck erleichtert. Der Kanal hatte seine größte Bedeutung, solange das Monopol für das Lüneburger Salz im Ostseeraum bestand und Lübeck die Macht besaß, den Handel mit anderem Salz zu kontrollieren. Der „nasse" Salztransport, d. h. die Stecknitzfahrt, war im übrigen nicht ganzjährig möglich; im Winter mußte wegen des Eises auf den Landweg zurückgegriffen werden.

Der Stecknitzkanal hat die Erwartungen, die von Lübeck auf ihn gesetzt waren, schon bald erfüllt. Zu Beginn des 15. Jahrhunderts erbrachte der Kanalzoll im Jahresdurchschnitt 2000 Mark Lübsch, was etwa 8 % der gesamten Einnahmen Lübecks ausmachte. Als in dem 25jährigen Krieg mit Erik von Pommern bis Mitte der 1430er Jahre nahezu der gesamte Verkehr mit den Ostseeländern den Weg über Lübeck nehmen mußte, verdoppelte sich sogar der Verkehr durch den Stecknitzkanal, obwohl für die Kanalfahrt der wichtige dänisch-schwedische Markt ausfiel – die Lübecker Einnahmen profitierten von diesen Auseinandersetzungen.

Auf die Einhaltung der Vorrechte für die einzelnen Abschnitte des Handelsweges von Lüneburg nach Lübeck wurde streng geachtet, denn durch sie waren Verdienst und Erwerbsleben vieler Familien gesichert, solange die Schiffahrt auf dem Kanal ihre Bedeutung hatte. Der Weg von Lüneburg über Ilmenau und Elbe bis Lauenburg war das Monopol der Lüneburger, die Kanalstrecke von Lauenburg bis Lübeck durften nur die Lübecker Stecknitzschiffe befahren, nur ausnahmsweise Lauenburger den südlichen Kanalteil bis Mölln benutzen. Die Lauenburger wiederum ließen es sich verbriefen, allein alle Güter, die von Stecknitzschiffen auf dem Rückweg aus Lübeck oder einem anderen Ort am Kanal mitgenommen und in Lauenburg umgeschlagen wurden, auf der Elbe weiterzuverfrachten, vornehmlich nach Hamburg; dabei durfte jedes Lauenburger Schiff nicht mehr als 5, später 6 Stecknitzschiffsladungen fassen. Das Ende der Stecknitzfahrt bedeutete jedoch nicht auch das der Elbschiffahrt, da hier neue Handelsverbindungen über den Hamburger Hafen einhergingen mit wirtschaftspolitischen Veränderungen (Abbau der Zölle) und der Überwindung der natürlichen Schwächen des Elbstroms (Stromregulierung).

Mit der Eröffnung des Stecknitzkanals kam der Salzhandel über die Städte Boizenburg, die älteste Salzniederlage am rechten Elbufer, und Wismar nach Norden zum Erliegen, denn der Versand auf den schlechten und unsicheren Straßen mit kleinen Landfahrzeugen konnte mit dem Transport auf dem Wasserweg nicht konkurrieren.

Herzog Albrecht von Mecklenburg sah sich daher in seinen Interessen schwer geschädigt. So erhob er 1395, als mit der Grabenarbeit bei Dalldorf und Zweedorf begonnen wurde, Zollansprüche. Da aber seitens Lübeck ein Zollzugeständnis entgegen den Erwartungen nicht erfolgte, fiel er 1401 mit den Fürsten Barnim von Wolgast und Balthasar von Güstrow im Bunde bei Fredeburg in die lübsche Landwehr ein. Die Streitigkeiten wurden erst beigelegt, nachdem man im Oktober 1402 den Mecklenburgern von jeder auf dem Delvenau-Graben beförderten Last Salz eine Abgabe von 6 Pfennig Lübsch zugestanden hatte. Dieses mecklenburgische Zollrecht wurde dann 1403 von Lübeck mit 6000 Mark abgelöst.

Doch kaum 100 Jahre später meldeten sich die Mecklenburger erneut mit

Abb. 29. Modell einer Stauschleuse im Stecknitzkanal mit wartendem Budenkahn.

Ansprüchen. Da Lübeck ihre Forderungen zurückwies, sperrten sie 1494 und 1499 den Kanal bei der Kronschleuse mit Ketten. Zweimal mußte Kaiser Maximilian I. eingreifen, schließlich sogar den mecklenburgischen Fürsten mit kaiserlicher Ungnade und Verlust des Reichsschutzes drohen, falls sie Kanal und Schleuse nicht wieder öffnen würden. Mit dem Vergleich von 1499, der den Mecklenburgern eine Ablösesumme von 2000 Gulden zusprach, fanden die mecklenburgischen Zollansprüche endgültig ihr Ende.

Nur einmal in der 500jährigen Geschichte des Stecknitzkanals ruhte der Verkehr gänzlich auf dem Wasserweg, und zwar im Jahre 1647, als die Schweden auf der gesamten Strecke von Lüneburg bis Lübeck Zoll erheben wollten – die schwedischen Zollwächter waren zwar auf ihren Posten, allein die Fahrt auf dem Wasserweg war eingestellt. Um die Stecknitzfahrer einigermaßen schadlos zu halten, ordnete der Rat der Stadt Lübeck eine gründliche Reinigung der ganzen Strecke unter Leitung der städtischen Mühlenmeister an, was im übrigen auch dringend notwendig war – die arbeitslosen Stecknitzfahrer übernahmen die Tätigkeit als bezahlte Tagelöhner gern, denn niemand kannte den Kanal besser als sie.

Für das Lüneburger Salz und seinen Transport konnten solange hohe Preise genommen werden, wie es keine Konkurrenz für das feine weiße Salinensalz gab. Zwar wurde bereits im 14. und 15. Jahrhundert aus Frankreich, Portugal und Spanien billiges Seesalz, das durch Verdunstung von Meerwasser gewonnen wurde, das sogenannte Baiensalz (weil es zunächst nur in der Baie de Bourgneuf bei Nantes gewonnen wurde) in den Ostseeraum eingeführt, doch war es wegen der unsicheren Sundpassage, seiner unsauberen Farbe, Grobkörnigkeit und mangelhaften Qualität lange Zeit keine Konkurrenz, denn es war schwer abzusetzen. Ein Rückgang im Handel mit Lüneburger Salz ist erst ab Ende des 16. Jahrhunderts zu verzeichnen mit der verstärkten Einfuhr von Baiensalz aufgrund qualitativ verbesserter Herstellung. Der Höhepunkt des Salztransportes auf dem Stecknitzkanal lag wohl im 15. und 16. Jahrhundert, als bis zu 1200 Schiffsladungen pro Jahr befördert wurden – d. h. es müssen ca. 200 Schiffe, jeweils 3 von einem Stecknitzfahrer geführt, gefahren sein. Die in Lübeck an der Holstenbrücke nahe dem Holstentor gelegenen sechs Salzspeicher dienten diesem Handel mit der Zwischenlagerung des Salzes.

Im 17. Jahrhundert waren es nur noch 650 Schiffe pro Jahr, und im 18. Jahrhundert ging die Zahl auf 400 Schiffe jährlich zurück. Infolge der Elbblockade nahm der Handel über den Stecknitzkanal von 1803 bis 1806 einen großen Aufschwung, doch schon 1806 stockte der Seehandel infolge der Kontinentalsperre, und die Stecknitzschiffahrt kam zum Erliegen – es wurden sogar einige Kanalschleusen gesprengt.

Mit dem Rückgang des Salzhandels sank die Bedeutung des Stecknitzkanals, da seitens der Lübecker Kaufleute ein Ausgleich in der Kanalnutzung nicht möglich war. Zwar hatten die Stecknitzfahrer neben dem Salztransport auch andere Güter befördert, doch handelte es sich überwiegend um Rückfracht von Lübeck nach Lauenburg, wo sie dann meist in Richtung Hamburg umgeschlagen wurde; diese Kaufmannsgüter waren u. a. Getreide, Felle, Holz und Wachs.

Als 1844 das Recht der Elbschiffahrt jedermann zugestanden, in dessen Folge die Salzfuhr, die Innung der Stecknitzfahrer und das Lauenburger Stapelrecht aufgehoben wurden, sank die Bedeutung des technisch veralteten und mangelhaft unterhaltenen Stecknitzkanals immer mehr. Eine weitere Etappe zum Niedergang des Kanalhandels war die Eröffnung der Bahnlinien Lübeck–Büchen 1851 und Lübeck–Hamburg 1865. Die Bahn beförderte die Güter schneller, billiger, sicherer und kostengünstiger – eine Dampfschiffahrt war auf dem Kanal wegen des geringen Tiefganges, der vielen und teilweise engen Kurven und der veralteten Schleusen nicht möglich.

Abb. 30. Sog. Kabinettscheibe des Stecknitzfahrers Meinhard Anton Fehling von 1758 mit Darstellung eines beladenen Stecknitzfahrer-Kahns.

Abb. 31. Lübeck – Blick von der Bastion Commiß auf die Stadt (Ausschnitt) Ölgemälde von C. Birkenstaedt, 1827.
Im Vordergrund auf der Obertrave mehrere Stecknitzfahrer-Kähne und Holzstapel am Ufer, im Hintergrund Holstentor mit Salzspeicher und Holstenbrücke.

Um 1880 hörte der Durchgangsverkehr auf, der Kanal diente nur noch einem bescheidenen Lokalverkehr mit jährlich 6000 bis 9000 Tonnen, davon $^4/_5$ Brennholz. Am 13. August 1896 wurde der Verkehr auf dem Stecknitzkanal endgültig eingestellt; sein Nachfolger war der von 1895 bis 1900 erbaute Elbe-Trave-Kanal (heute Elbe-Lübeck-Kanal), am 16. Juni 1900 eröffnet, der in einigen Abschnitten das Bett des Stecknitzkanals aufnahm.

Die Größe und Tragfähigkeit der nicht überdachten Schiffe auf dem Stecknitzkanal, der sogenannten Prähme, war ursprünglich sehr gering. Der Vertrag von 1390 sah vor, daß auf der gegrabenen Strecke des Wasserweges, dem Delvenaugraben, zwei Schiffe aneinander vorbeifahren könnten. „Die Größe dürfte auf 10 bis 12 m Länge, 2,50 m Breite und 30 bis 40 cm Tiefgang im beladenen Zustande, die Tragfähigkeit auf 7,50 Tonnen anzunehmen sein. Etwa 100 Jahre nach der Inbetriebnahme des Kanals hatten die Prähme eine Größe von 19 m Länge, 3,24 m Bodenbreite, 86 cm Bordhöhe und 41 bis 43 cm Tiefgang; ihre Ladefähigkeit erhöhte sich damit auf 250 Zentner =

12,5 Tonnen. Diese Schiffsgröße wurde durch die erste Ladungs-Ordnung vom 22. Juli 1527, welche bis zum 5. Februar 1828, also 300 Jahre lang in Kraft blieb, beibehalten. Erst nach Fertigstellung der von Lübeck in den Jahren 1821 bis 1823 ausgeführten Erweiterung und Vertiefung des Delvenaugrabens wurden die Schiffsabmessungen auf 19 m Länge, 3,50 m Bodenbreite, 60 cm Tiefgang und rund 20 Tonnen Tragfähigkeit vergrößert. Eine noch etwas größere Schiffsform wurde schließlich durch die Polizei-Ordnung vom 11. Februar 1845 zugestanden, welche als größtes Schiffsmaß die Stecknitzkähne von 23 m Länge, 4,31 cm Breite und 67 bis 77 cm größter Einsenkungstiefe vorschrieb: daraus ergab sich eine Tragfähigkeit von etwas mehr als 30 Tonnen.“

Dieser Schiffstyp des Stecknitzkanals wurde Budenkahn genannt, da er im vorderen Teil eine Schlafbude, die sogenannte Roof, hatte; außerdem war ein herausnehmbarer Mast vorhanden, wenn auch wegen der vielen Windungen nur gelegentlich Segel gesetzt werden konnten. Da die Stecknitzfahrer ihre Schiffe häufig überluden und somit Schäden an den Bauten wie auch im Kanal verursachten, waren von 1569 ungepegelte Schiffe – den Pegel bezeichnete ein weißer Strich am Schiffsrumpf – nicht mehr zugelassen.

Das Winterlager der Stecknitzfahrer-Kähne war an der Obertrave unterhalb der Domtürme, wo in den kleinen Häusern um die untere Hartengrube die Stecknitzfahrer wohnten – das Idyll dieses Flußhafens mit Baumufern und der altväterlichen hölzernen Dankwartsbrücke hatte einen malerischen Reiz, und das Motiv ist durch die Jahrhunderte auch wiederholt von Künstlern dargestellt worden.

Alster-Trave-Kanal

Die Bestrebungen Lübecks und Hamburgs, ihre Handelsbeziehungen durch eine die beiden Städte verbindende Wasserstraße zu erleichtern, gehen bis in das 13. Jahrhundert zurück. Das von Fuhrwerken zu durchfahrende Gebiet Stormarns bereitete im südlichen Teil wegen des sandigen Bodens, im nördlichen Teil wegen des welligen Geländes dem Warenverkehr erhebliche Schwierigkeiten. Außerdem beeinträchtigen Raubritter und Wegelagerer im Mittelalter den Handelsverkehr auf den Landwegen.

Die ersten Bemühungen der beiden Städte um 1260, die Alster über einen Kanal und die Beste mit der Trave zu verbinden, schlugen fehl, da die benachbarten Adelsherren Schwierigkeiten machten. Ein erneuter Versuch um die Mitte des 14. Jahrhunderts schlug aus denselben Gründen fehl, doch 100 Jahre später gewannen die Bestrebungen ernsthafte Gestalt – als Vorbild für das Projekt diente jetzt der Stecknitzkanal.

Am 19. März 1448 schloß die Hansestadt Hamburg mit dem letzten Schauenburger, Adolf VIII. Graf von Holstein und Herzog von Schleswig, einen Vertrag, auf gemeinsame Kosten einen „Graben" zwischen Alster und Beste zu bauen; Lübeck trat erst später dem Vertrag bei. Noch in jenem Jahre ging man ans Werk, das großes Aufsehen erregte, da die Wasserstandsverhältnisse von Alster und Beste wegen geringer Zuflüsse wie auch wegen der Höhenunterschiede recht ungünstig waren. Indem das Wasser aus Mooren und Auen herangeführt wurde, hoffte man, mit beladenen Schiffen die Trave bei Oldesloe erreichen zu können. Große Probleme ergaben sich zudem wegen der Uferbefestigungen beim Durchqueren der Moore.

Im Jahre 1452 gerieten die Arbeiten jedoch ins Stocken wegen der großen technischen Schwierigkeiten bei der Aushebung des Grabens entlang des Nienwohlder Moores und durch das Sülfelder Moor. Nach etwa 4 Jahren Bauzeit stellte Hamburg dann die Arbeiten aus diesen Gründen ein – bis 1452 hatte die Stadt eine Summe ausgegeben, die etwa der eines Jahresetats der Stadt entsprach. Doch auch Lübeck hatte zum Bau beigetragen, und $1/3$ der Kosten = 12 000 Mark übernommen. Dennoch bemühte man sich, in den nächsten Jahren die Alster bis Stegen schiffbar zu erhalten, um den Segeberger Kalk abtransportieren zu können, und noch im Jahre 1465 wurden Unterhaltungsarbeiten an dem Teich bei der dortigen Stauschleuse durchgeführt.

Die Hansestadt Hamburg ließ sich jedoch durch das Mißlingen dieser Wasserstraßenverbindung nicht entmutigen; ihr gelang es vielmehr, die Stadt Lübeck für einen solchen Plan weiterhin zu interessieren, denn der Handelsverkehr zwischen den beiden Städten hatte sich in der 2. Hälfte des 15. Jahrhunderts ganz erheblich gesteigert. Am 14. März 1525 trafen sich Abgesandte beider Städte mit Herzog Friedrich von Schleswig-Holstein-Gottorf (dem dänischen König Friedrich I.) auf der Burg Segeberg und schlossen auf der Grundlage des Vertrages von 1448 einen neuen Vertrag zum Bau einer Wasserstraße zwischen Alster und Trave. Danach übernahmen Hamburg und Lübeck je zur Hälfte die Baukosten, der König verpflichtete sich, die auf seinem (holsteinischen) Gebiet notwendigen Geländestreifen zu erwerben, zum Bau der Schleusen und Stauwerke 1200 Baumstämme zu liefern und 500 Arbeiter für 8 Tage kostenfrei bereitzustellen.

Die Ansprüche der Besitzer mehrerer großer adeliger Güter wurden befriedigt, und zudem einigte man sich 1526 mit Marquardt v. Buchwaldt auf Sierhagen, Jersbek, Mühlenkamp und Neversdorf, der ein Jahr zuvor auch Besitzer des Gutes Borstel geworden war, über die Inanspruchnahme von Geländeteilen zum Bau des Kanals, doch beschwerte sich nun Herzog Magnus II. von Sachsen-Lauenburg, weil ihm durch den neuen Kanal Zölle für den auf lauenburgischen Gebiet verlaufenden Stecknitzkanal verloren gingen. Friedrich I. ließ jedoch durch seinen Vertreter Iven Reventlow die Arbeiten fortsetzen, und so wandte sich der Herzog an das Reichskammmer-gericht in Speyer. Diesem Gerichtsverfahren verdanken wir die älteste Karte aus Schleswig-Holstein, denn sie wurde am 21. Oktober 1528 von der Hansestadt Hamburg dem Gericht zum Beweis vorgelegt, daß der Alster-Trave-Kanal lauenburgisches Gebiet überhaupt nicht berührte und die Klage des Herzogs damit gegenstandslos sei.

Die Oberaufsicht über den Kanalbau, den „Neuen Graben", oblag der Hansestadt Hamburg, in deren Diensten der Grabenmeister Hans Hesse stand – er war der technische Leiter des Unternehmens. Am 7. August 1526 begannen die Arbeiten. Wie im Jahre 1448 bestand auch jetzt die Hauptaufgabe in dem Bau der Scheitelstrecke von Nienwohld bis Sülfeld. Zunächst wurde der Kanal dort 1,71 m tief und 13,74 m (auf der Oberfläche) breit ausgehoben, doch mußte er, da Uferböschungen mehrfach nachrutschten, vertieft und verbreitert werden. Noch gegen Jahresende 1526 zog man zur Festlegung der Schleusen auf dieser Strecke den Lübecker Stadtbaumeister hinzu, den Schleusenmeister von Mölln als Ratgeber für die Maße der Balken, als allgemeinen Sachverständigen außerdem den Schleusenmeister Hermann von Kempen (oder Kempermann) aus Holland.

Der Winter 1526/27 muß sehr milde gewesen sein, denn die Bauarbeiten wurden nicht unterbrochen. Ende 1527 waren bereits 6 Schleusen (bei Sülfeld, Nienwohld, Stegen, Rade, Wohltorf und Fuhlsbüttel) fertig. Im Jahre 1528 gingen die Arbeiten auf der ganzen Strecke weiter, doch trafen neue Durchbrüche und Rutschungen auch in der Scheitelstrecke durch das Hochmoor auf – weitere Begradigungen und ein erneut tieferer Aushub des Kanalbettes wurden ebenso nötig wie die bessere Fundamentierung einiger Schleusen. Gewiß war es ein erster großer Erfolg, als nach der 116. Arbeitswoche im Oktober 1528 in das Rechnungsbuch eingetragen werden konnte: „do dat erste schip dor de oversten kisten laten wart", aber es war noch nicht die Eröffnung des neuen Schiffahrtsweges.

Auch der Winter 1528/29 muß milde gewesen sein, denn nur 2 Wochen im Februar 1529 ruhten die Arbeiten; doch weitere Zwischenfälle verzögerten sie wie z. B. die Zerstörung des Schleusendammes bei Neuhaus durch Hochwasser im Januar 1529. Der Kanalbau wurde immer teurer, und so trieb man zur Eile und vergab jetzt Bauarbeiten in Losen an mehrere Unternehmer, die dort je bis zu 40 Mann beschäftigten; für deren Verpflegung wurden Kantinen eingerichtet und Wirtschafterinnen eingestellt. An den Schleusen wurden Wohnungen für die Schleusenmeister errichtet, Treidelwege geebnet und Brücken über den Wasserweg gebaut.

Am 22. August 1529 trafen die ersten 4 Schiffe, mit Gütern von Lübeck kommend, in Hamburg ein: „do de 4 schepe van Lubeke myt dem ersten gude qwemen, wart Cordt Lampen unde Asmus van Minden by allen kisten gesant umme dar upsicht to hebbende der gebreke" – d. h. die beiden Män-

Abb. 32. Karte von Stormarn und Lauenburg aus dem Jahre 1528 mit Verlauf des Alster-Trave-Kanals.

Die Karte gehört zu den Akten des Reichskammergerichts-Prozesses, den Herzog Magnus II. von Sachsen-Lauenburg gegen den Bau des Alster-Trave-Kanals angestrengt hatte. Mit der Karte bewies der Vertreter Hamburgs, daß der Kanal nicht auf lauenburgischem, sondern holsteinischem Gebiet lag, somit die Interessen des Herzogs durch den Kanal nicht berührt wurden. Die Karte zeigt am unteren Bildrand die Elbe mit Hamburg, das über Alster und Trave mit dem am oberen Bildrand liegenden Lübeck verbunden ist. Auf dem rechten Bildrand zweigt bei Lauenburg von der Elbe der Stecknitzkanal ab, über den bei Mölln eine Brücke führt.

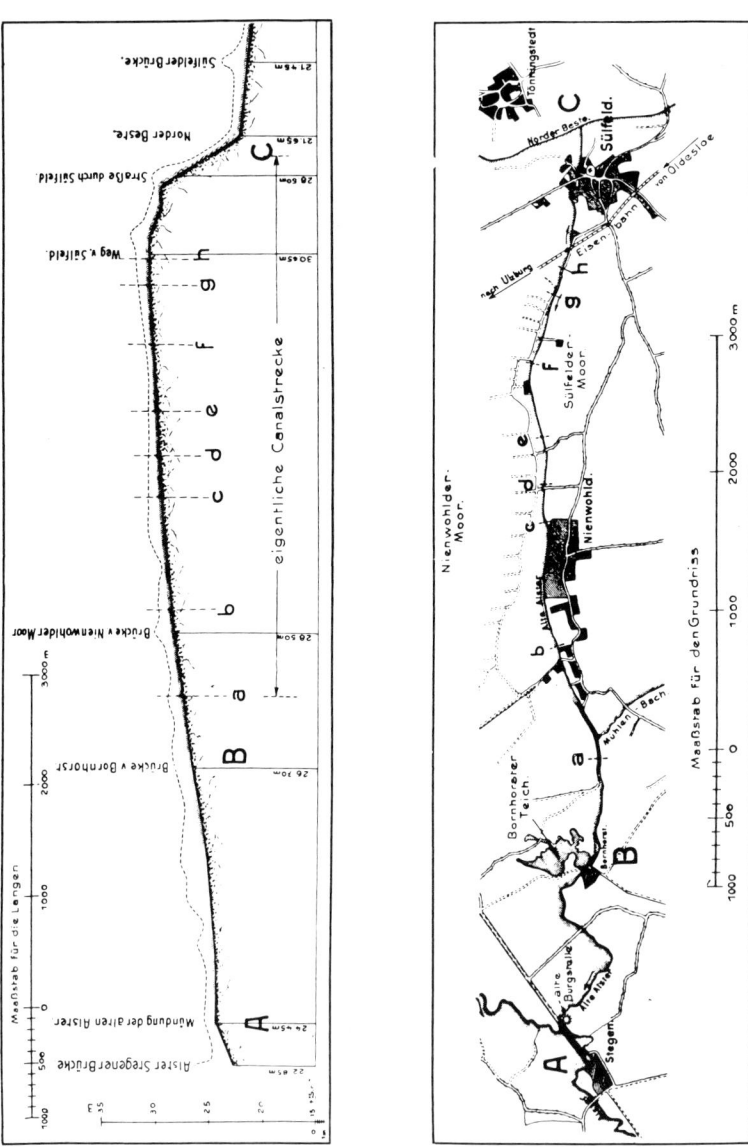

Abb. 33. Lageplan und Längenprofil des Alster-Trave-Kanals aus: Melhop, Die Alster, Hamburg 1932.

Abb. 34. Alster-Lauf mit Gut Wulksfelde.
Lithographie von A. Hornemann, Hamburg 1850.
Auf der Alster fährt ein mit Gütern beladener Alster-Kahn.

ner sollten bei allen Kistenschleusen die Aufsicht führen, ob irgendwelche
Mängel zutage träten. Vollendet war der Kanal allerdings noch nicht, denn
bis zum August 1530 wurden noch einzelne Arbeiten durchgeführt, so
wurde die Schleuse bei Neritz, die schon einmal zusammengebrochen war,
neu gebaut und bei Mellenborch der Damm erneuert. Die Schlußrechnung
beziffert die Gesamtbaukosten des „nige graven" auf 43 107 Mark lübisch
Curant 11 Schilling 2 Pfennig, die von beiden Städten Hamburg und Lübeck
je zur Hälfte getragen wurden, wobei das durch Kriegsausgaben ge-
schwächte Lübeck seinen Anteil ratenweise in den auf die Fertigstellung folgenden Jahren bis 1553 tilgte. Der Kanalbau war teurer als geplant geworden, es wird berichtet, daß „he untellig vel Geld gekostet hefft".

Da der Großteil der Urkunden und Unterlagen zum Kanal beim Brand
des Hamburger Rathauses 1842 vernichtet wurde, lassen sich genaue Anga-
ben über die Kanalmaße (Breite und Tiefe) und die Lage wie Zahl der Schleusen nicht machen; die Schleusenzahl wird mit 18 bis 23 überliefert. Die gesamte Strecke des Schiffahrtsweges betrug 91 km, und zwar 40 km Alster
von Hamburg bis Stegen, 8 km gegrabenes Kanalbett von Stegen bis Sülfeld,

Abb. 35. Der sog. Feuerteich, der Rest des Alster-Trave-Kanals, in Sülfeld, Februar 1905 – heute der „Große Graben".

dann ca. 15 km Beste bis Oldesloe und weitere 28 km Trave von dort bis nach Lübeck. Der „Graben" wird eine Breite von 6–8 m und eine Tiefe von 1,20 m gehabt haben, doch es ist ungewiß, ob auf der gesamten Kanalstrecke gleich tief und breit gegraben worden war.

Die Schiffe auf dem Kanal, später als „Alsterböcke" bezeichnet, waren aufgrund des Profils und der Maße des Kanals sowie seiner zahlreichen engen Windungen nicht sehr groß; sie werden bis zu 10 m lang und bis zu 3 m breit gewesen sein, so daß sie die Kanalstrecke ohne Schwierigkeiten durchfahren konnten.

Es ist heute nicht mehr festzustellen, wie stark der Kanal befahren und ob er gewinnbringend betrieben wurde – es scheint zumindest zweifelhaft zu sein, denn schon 1550 wurde die durchgehende Fahrt eingestellt. Lediglich 20 Jahre ist somit der „Neue Graben" in ganzer Länge in Betrieb gewesen; es ist überliefert, daß anliegende holsteinische Edelleute die Schiffahrt störten. Der Hauptgrund lag aber wohl in der technischen Unvollkommenheit des Kanals und seiner Einrichtungen namentlich der Schleusen sowie vor allen Dingen in dem Wassermangel auf der Scheitelstrecke, die durch Moorwasser gespeist wurde und wo das Gelände bis 30,7 m über Hamburger Null lag.

Die Kanalstrecke verfiel in den folgenden Jahren sehr rasch. Bis 1557 fuhren zwar Hamburger Schiffe ihre Waren für Lübeck noch bis Stegen, von wo aus sie auf Pferdewagen bis Oldesloe und von dort aus wieder per Schiff nach Lübeck weitergebracht wurden, bis 1584 noch bis Fuhlsbüttel, doch bereits 1612 waren einige Schleusen nicht einmal mehr ihrer Lage nach bekannt. Eine große wirtschaftliche oder politische Bedeutung hat der „Neue Graben" wohl nicht gehabt, denn der Lübecker Rat brachte diesem Unternehmen in der Folge kein sonderliches Interesse entgegen, zumal der Handel über den Stecknitzkanal in jenen Jahren, als der Alster-Trave-Kanal gebaut wurde, einen guten Aufschwung nahm.

Wasserstraßen-Verbindung Nordsee–Ostsee

Kanalverbesserungen von Stecknitz- und Alster-Trave-Kanal

Stecknitz-Kanal und Alster-Trave-Kanal, in ihren Rudimenten historische Denkmale, waren Taten kaufmännischen Unternehmungsgeistes der Städte, die sich in ihrer Handels- und Wirtschaftspolitik auch nicht von technischen oder finanziellen Schwierigkeiten abschrecken ließen. So ist es auch nicht verwunderlich, daß in den vergangenen Jahrhunderten immer wieder der Wunsch nach Herstellung einer Wasserverbindung zwischen Nord- und Ostsee oder Verbesserung der bestehenden Wasserwege auftauchte. Entsprechend den jeweiligen Machtverhältnissen im Lande wurden dann stets Linienführungen vorgeschlagen und erörtert, die von den politischen Gegebenheiten bestimmt oder zumindest beeinflußt waren.

Zeugnis solchen Wagemutes sind Überlegungen schon bald nach Beendigung des 30jährigen Krieges, den damals 250 Jahre alten *Stecknitzkanal* umzubauen und zu verbessern. Im Laufe der Jahrzehnte gab es weitere Pläne dieser Art:

1) 1662 legte der Baumeister Walter im Auftrage Lübecks einen Plan vor zur Vertiefung des Stecknitzkanals zwischen Möllner See und Niebuhrschleuse unter Wegfall von 7 Schleusen; die Kosten wurden mit 277 000 Mark angegeben. Die Ausführung unterblieb jedoch wegen Finanzschwierigkeiten.

2) 1666–1669 wurden von den drei holländischen Sachverständigen Jan Brandlicht (Landmesser der Stadt Amsterdam), Pieter Pietersen Baess

(Mühlenmeister zu Saerdam) und Peter Hendrichs van dem Bergh (Erd-werkmann/Bauunternehmer) zwei Entwürfe zur Verbesserung des Stecknitzkanals ausgearbeitet, der eine mit einem Kostenaufwand von 2,378 Mio. Mark, der zweite mit 1,334 Mio. Mark. Die Ausführung unterblieb wegen Territorialstreitigkeiten mit dem Herzog von Lauenburg sowie aufgrund mangelnder Finanzen.

Seit 1705 gehörte das Herzogtum Lauenburg zum Kurfürstentum Hannover, das sich um eine planmäßige Verbesserung der Forst- und Landwirtschaft verdient machte und Lauenburg von Hannover durch tüchtige Beamte in allen Bereichen straff lenkte. Es ergriff auch in der Kanalfrage die Initiative, und

3) 1747 ereilte die Kurhannoversche Regierung ihrem Landbaumeister von Bonn den Auftrag, mit Lübeck Gespräche über Maßnahmen zur Verbesserung des Stecknitzkanals zu führen; da zu gleicher Zeit das Projekt des Landdrosten von Oldershausen, die Verbindung Möllner See – Ratzeburger See – Wakenitz auszubauen, in Erwägung gezogen wurde, stellte von Bonn seine Untersuchungen nach der Erkenntnis, daß die Vertiefung des Kanalbettes ein wesentliches Erfordernis sei, ein.

4) 1777–1779 ließ die Kurhannoversche Regierung durch ihren Ingenieur-Oberst Johann Ludewig Hogreve, der bereits Jahre zuvor und dann nochmals 1777 eine Reise nach England zum Kennenlernen des dortigen Kanalbaues und -wesens unternommen hatte, einen Plan zur Kanalverbesserung bei einem Kostenaufwand von 971 777 Mark ausarbeiten. Hogreves Vorschlag beinhaltete im wesentlichen eine Verkürzung der Kanalstrecke mittels Durchschneidung der Krümmungen, Verbreiterung und Vertiefung der Scheitelstrecke sowie den Bau von Kastenschleusen. Lübeck wagte es aus politischen Gründen gegenüber Dänemark, mit dem es Hoheitsverhandlungen führte, nicht, auf das Vorhaben einzugehen.

5) 1799 erneuerte das Kurhannoversche Kabinetts-Ministerium seinen Vorschlag zur Verbesserung der Stecknitzfahrt mit einer teilweisen Realisierung des Hogreveschen Planes; die 1801 begonnenen Arbeiten (Vertiefung der Scheitelstrecke) wurden 1803 aufgrund der französischen Besetzung Lauenburgs eingestellt. Lübeck hatte sich zur Zahlung von 50 % der Baukosten von 120 000 Mark verpflichtet.

6) 1811–1813 wollte Napoleon I. den Stecknitzkanal als Endstück der gigantischen Wasserstraßenverbindung von der Seine bis zur Ostsee umbauen; die Ausführung sollte 1813 beginnen, unterblieb aber wegen des Endes der Franzosenherrschaft. Der Kostenaufwand war mit 3,025 Millionen Mark veranschlagt.

Der „Canal de la Seine à la Baltique" sollte durch die Wakenitz und den Ratzeburger See gehen, bei Farchau mit 3 Schleusen 18,6 m höher ge-

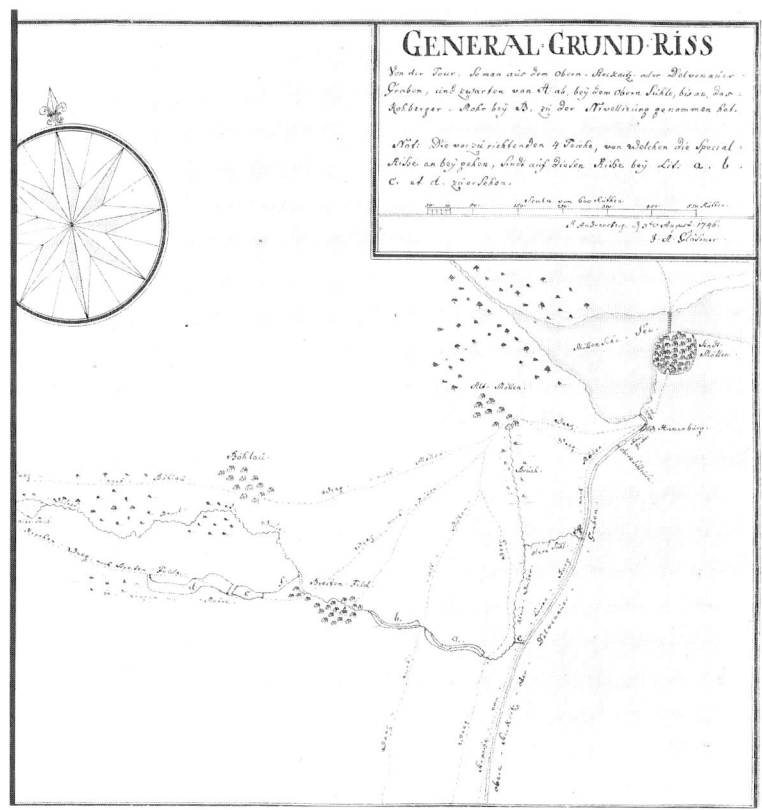

Abb. 36. Karte des Markscheiders Glaesener aus St. Andreasberg vom 3. August 1746 zwecks Stauung des Wasserlaufes bei Breitenfelde zur Verbesserung der Wasserführung im Stecknitzkanal.
Lauf des Stecknitzkanals bei Mölln.

führt werden und durch den Wensöhlengrund den Möllner See erreichen, von wo aus die alte Scheitelstrecke und die Delvenau beibehalten werden sollten; eine Variante sah die Einhaltung der alten Kanalstrecke vor, doch sollten sämtliche Stauschleusen zu Kastenschleusen umgebaut und in beiden Fällen die Scheitelstrecke aus dem Schaalsee (von Marienstädt zum Gudower See und von dort durch den Hellbach bis nahe der Möllner Stadtmühle) gespeist werden.

Abb. 37. Berkenthin, Stauschleuse und Zugbrücke, um 1892.

Die ursprüngliche Absicht, Trave und Elbe über die Alster mit einem künstlichen Wasserweg in der Gegend von Oldesloe – also die Wiederbelebung des Alster-Beste-Kanals – zu verbinden, ließen die französischen Ingenieure aufgrund der großen Geländeschwierigkeiten sehr bald fallen.

7) 1822 erarbeiteten Wasserbaudirektor Woltmann, Hamburg, und Stadtbaumeister Börm, Lübeck, einen revidierten Hogreveschen Plan mit 2,736 Millionen Mark. Lübeck wollte die gesamten Kosten tragen, fand aber bei der dänischen Regierung keine Zustimmung.

Als am 16. Oktober 1851 die Lübeck-Büchener Eisenbahn eröffnet wurde, verkürzte sich die Verbindung Hamburg–Lübeck von 13 Meilen auf 8 bis 9 Meilen, so daß sie sich sehr schnell auch gegenüber dem direkten Wasserweg behaupten konnte. Der Verkehr auf dem technisch überalterten Stecknitzkanal ging rapide zurück, die alte Kanalroute hatte ausgedient. Dennoch gab es erneute Überlegungen zur Verbesserung des Kanalweges:

8) 1873 ließ der Lübecker Zweigverein des Berliner Centralvereins zur Hebung der deutschen Fluß- und Canalschiffahrt durch Baumeister Alfred Marcks, Berlin, 2 Entwürfe zur Verbesserung des Stecknitzkanals

Abb. 38. Eisenbahn-Brücke über den Stecknitzkanal bei Büchen, um 1955.

ausarbeiten, einen mit 5,790 Millionen Mark, den zweiten mit 7,455 Millionen Mark.

9) 1878 erstellte Baurat Lohmeyer, Ratzeburg, im Auftrag des Landschafts-Kollegiums in Ratzeburg einen Plan bei Kosten von 5,1 Millionen Mark, der die Kanalführung unter Benutzung der Wakenitz und durch den Ratzeburger See vorsah; der Plan enthielt zugleich den Vorschlag einer Abzweigung in Mölln nach Hamburg über Trittau durch die Bille bis Bergedorf mit zusätzlichen Kosten von 9,9 Millionen Mark. Preußen und Lübeck stimmten dem Vorschlag zu, doch Mecklenburg-Schwerin untersagte die Entnahme des Kanalspeisungswassers aus dem Schaalsee.

10) 1881–1886 ließ das Königreich Preußen durch die Elbstrom-Baudirektion ein Projekt mit einem Kostenaufwand von 17,850 Millionen Mark ausarbeiten; die Kanallinie führte ebenfalls durch den Ratzeburger See und über den Möllner See mittels eines Aquäduktes. Auch dieser Plan scheiterte an der Zustimmung Mecklenburg-Schwerins zur Schaalseewasserabgabe.

69

11) 1890–1892 ließ Lübeck durch Wasserbaudirektor Rehder, Lübeck, einen neuen Kanal mit Kosten von 23,554 Millionen Mark planen, der die teilweise Benutzung des Beetes des alten Stecknitzkanals vorsah. Preußen und Lübeck stimmten dem Vorschlag zu. Am 31. Mai 1895 fand in Lübeck die feierliche Grundsteinlegung für den Bau des *Elbe-Trave-Kanals* statt, der nach 4jähriger Bauzeit am 16./17. Juni 1900 eröffnet wurde.

Der Kanal hat eine Länge von 59,9 km plus 5,6 km Kanalhafen in Lübeck von der Geniner Straßenbrücke bis zum Burgtor und 1,5 km in Lauenburg. Die Scheitelstrecke beträgt von der Donnerschleuse bis Witzeeze 30 km und liegt 7,17 m höher als der normale Wasserstand der Elbe bzw. fast 12 m höher als der der Trave. Die Kanaltiefe beträgt 2 m, in der Scheitelstrecke 2,50 m, die Breite auf der Kanalsohle 22 m.

Auf beiden Seiten wurden Leinpfade angelegt, um bei Bedarf einen Schleppdienst mit elektrischen Lokomotiven einrichten zu können.

Der Kanal hat 7 Schleusen, über ihn führten 31 Straßen- und Wegebrücken einschließlich der beiden Hubbrücken in Lübeck mit Hubhöhen bis zu 3,18 m (Straßenbrücke) bzw. 4,20 m (Eisenbahnbrücke für die Hafenbahn). Er wurde so ausgebaut, daß Elbkähne ihn befahren konnten; die Fahrzeit betrug nur noch 1 Tag.

Mit dem Durchstich zur Trave am Burgtor wurde die Lübecker Innenstadt zu einer Insel, das Burgor als Sicherheitsmonument des zuvor einzigen Landzuganges zur Stadt dieser städtebaulich herausragenden Situation beraubt. Der alte Zugang wurde durch die 18 m breite und 88 m lange Burgtorbrücke ersetzt.

Wenn auch eine erkennbare wirtschaftliche Notwendigkeit für das Wiederaufleben des *Alster-Trave-Kanals* nicht erkennbar war, so tauchte der Wunsch, die alte Wasserstraße wiederherzustellen, im 17. Jahrhundert und danach mehrfach auf:

1) 1609–1610 wurde von Hamburg die Anregung gemacht, die Wasserverbindung wiederherzustellen; die weitere Verfolgung der Absicht scheiterte an den politischen und finanziellen Schwierigkeiten jener bewegten Zeit vor Ausbruch des 30jährigen Krieges.

2) 1618 berichtete der Lübecker Bürgermeister Heinrich Brockes über einen Besichtigungsritt „die Beste aufwärts und weiter bis zum Stegener Hof", wonach „die Schiffahrt wohl wieder eingerichtet werden könne".

3) 1679 sprach sich König Christian V. von Dänemark gegenüber dem Lübecker Mühlenmeister Hinrich Stahlbuch für den Kanalplan aus; Hamburg verwies auf die technischen wie finanziellen Probleme, so daß die Anregung nicht weiterverfolgt wurde.

4) 1770 legte ein holsteinischer Großgrundbesitzer der dänischen Regierung den Plan der Wiederaufnahme des Wasserweges zwischen Alster

und Beste vor, der außerdem eine Verbindung der Trave über Wardersee – Großen Plöner See – Schwentine mit Kiel vorsah. Der Plan fand jedoch nicht die Zustimmung der dänischen Regierung.

5) 1798 veröffentlichte Leutnant von Wimpfen in den Schleswig-Holsteinischen Provinzialblättern einen Aufsatz über die Vorteile einer Verbindung Alster–Trave und dieser mit der schiffbar zu machenden Schwentine für Dänemark und Holstein; er unterstützte damit dänische Überlegungen jener Zeit, die jedoch keine greifbare Gestalt annahmen.

6) 1802 arbeiteten im Auftrage der dänischen Regierung Baumeister Richter, Kiel, und Landkommissär Petersen zwei Pläne aus, und zwar einer mit der Kanal-Verbindung zwischen Oldesloe und Trittau, der andere mit der Verbindung Oldesloe–Bergedorf. In Hinblick auf die erforderliche Zustimmung der lauenburgischen und hannoverschen Regierung bzw. Lübecks wurden sie nicht weiterverfolgt.

7) 1811 untersuchte eine französische Kanalkommission die Verbindung von Alster und Beste, die wegen unzulänglicher Wasserversorgung abgelehnt wurde.

8) 1818 schrieb die Hamburgische Gesellschaft zur Beförderung der Künste und nützlichen Gewerbe eine Preisaufgabe aus: „Ob und auf welche Weise eine gute schiffbare Gemeinschaft zwischen der Alster und Trave auf dem Striche von Steegen nach Süllfeld u.s.w. nach Oldesloe möglich sey, und welche Zeit und Kosten die Ausführung derselben erfordern werde?"; „Auf die beste Beantwortung dieser Frage in möglichst gedrängter und bündiger Kürze und durch Zeichnungen erläutert, setzt die Gesellschaft eine Prämie von fünfzig Species Ducaten, und bestimmt den Termin zur Einlieferung der Wettschriften auf Osten 1820, . . .". Die einzig eingegangene Arbeit war die Schrift „Ueber eine Canal-Verbindung zwischen der Elbe und Ostsee vermittelst der Alster und der Trave" des Oldesloer Salinen-Oberinspektors Dr. F. A. Lorentzen und des dänischen Artillerie-Kapitäns H. Justi in Ahrensburg. Die Arbeit, die als eine „gut, ordentlich, bestimmt, deutlich und vollständig abgefaßte Schrift" beurteilt wurde, sah einen Kanal mit 7 Schleusen in dreijähriger Bauzeit bei Gesamtkosten von 990 582 Mark vor.
1821 nahm Landinspektor A. C. Gudme in seiner Schrift „Ist der Oldesloer Kanal zu berücksichtigen?" aus politischen wie wirtschaftlichen Gründen dagegen Stellung zugunsten seines Vorschlags einer Kanalverbindung Kieler Hafen–Stör.

8) 1873 gab Baurat K. Michaelis, Münster, im Auftrage des Altonaer Industrievereins ein Gutachten „über den projectirten Alster-Trave-Kanal zwischen Teufelsbrücke und Lübeck" mit Gesamtkosten von 8,9 Millionen Mark heraus, das eine Verbindung Elbe–Trave vorsah.

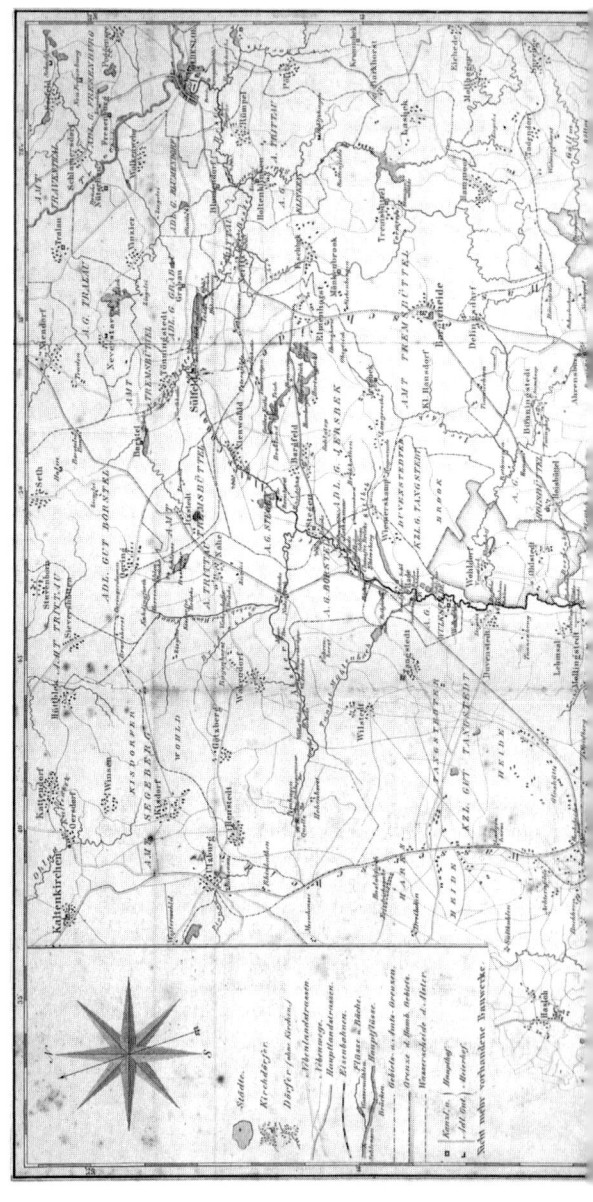

72

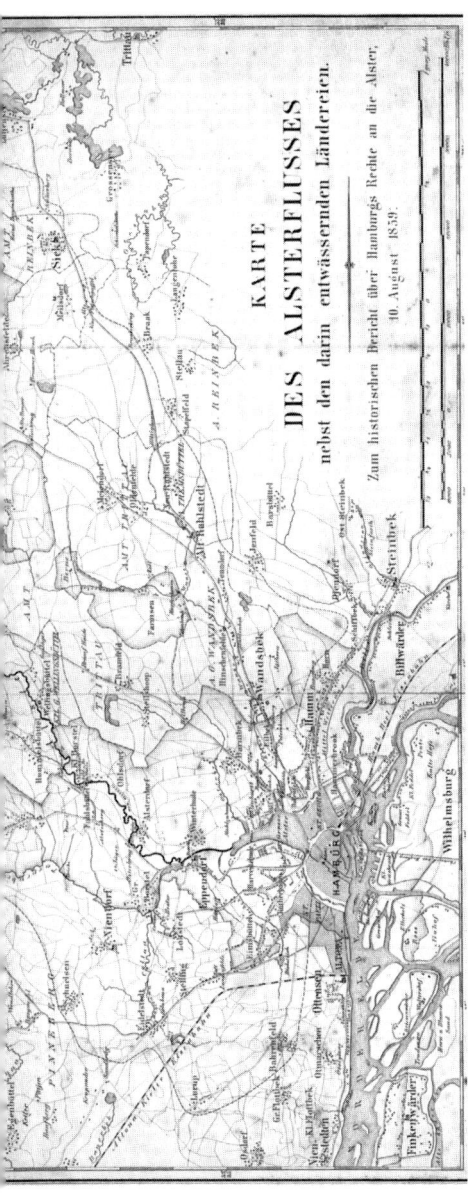

Abb. 39. Karte des Alsterflusses zu J. M. Lappenberg, Historischer Bericht über Hamburgs Rechte an der Alster, Hamburg 1859.
Zwischen Stegen und Sülfeld der „Alster Canal", die gegrabene Strecke des einstigen Alster-Trave-Kanals.

73

Schleswig-Holsteinischer oder Eiderkanal

Das von dänischer Seite im Zeichen des Merkantilismus geplante und dann 1777–1784 durchgeführte Unternehmen, Nord- und Ostsee mittels eines Kanals zwischen der Eider und der Kieler Bucht zu verbinden, hat viele spätere Überlegungen, Absichten und Kanalpläne beeinflußt; bei allen Vorhaben waren die politischen und wirtschaftlichen Gegebenheiten und Auswirkungen zu berücksichtigen und abzuwägen. Offenbar hat dann aber auch der Umstand, daß nach der Fertigstellung des *Schleswig-Holsteinischen bzw. Eiderkanals* sich weder die übermäßigen Befürchtungen noch überschwenglichen Hoffnungen bewahrheiteten, dazu beigetragen, das Interesse an der grundlegenden Verbesserung bzw. an deren Streckenführung des Stecknitzkanals und der Wiederbelebung des Alters-Trave-Kanals zumindest für einen längeren Zeitraum abzuschwächen.

Die politischen Umwälzungen zu Beginn des 19. Jahrhunderts beeinflußten außerdem die Politiker der Hansestädte Hamburg und Lübeck, zunächst einmal die Wunden der Zeit und der Besetzung in ihren schwer leidenden Gemeinwesen zu lindern und zu heilen. Kostspielige und vielleicht wirtschaftlich waghalsige neue Unternehmungen konnte man sich da nicht leisten. Weiterhin verlagerten sich bald die handelspolitischen Machtbestrebungen der deutschen Hafenstädte an Nord- und Ostsee mit dem Abbau der mißlichen Zustände infolge der deutschen Kleinstaaterei.

In der 2. Hälfte des 19. Jahrhunderts erlangte dann die Eiderlinie eine größere Bedeutung, so daß es den Lübeckern schließlich nur mit großer Mühe gelang, den Ausbau der Stecknitzlinie zum Elbe-Trave-Kanal durchzusetzen; dieser neue Lübeck-Lauenburger Wasserweg konnte allerdings nie jene Bedeutung erreichen, die der mittelalterliche Stecknitzkanal gehabt hatte, denn der jetzt auf den überseeischen Verkehr ausgerichtete Welthafen Hamburg hatte mit der Öffnung und Erschließung neuer Weltmärkte das alte Haupt der Hanse Lübeck beiseite geschoben.

Mit dem Nord-Ostsee-Kanal (Kaiser-Wilhelm-Kanal) ging 1895 ein jahrhundertealter Wunschtraum in Erfüllung, Nord- und Ostsee für seegehende Schiffe mittels eines schnellen und gefahrlosen Transits zu verbinden. Mit dem Bau dieses Seeschiffahrtsweges hatte sich in Schleswig-Holstein zugleich das Interesse von der Binnenschiffahrt abgewendet, zumal jetzt andere gewichtige politische, militärische und wirtschaftliche Gründe unter gewandelten Machtverhältnissen zusammenliefen. Doch mag wohl bei der Grundsteinlegung für diesen Kanal, ein Jahrhundert-Bauwerk, im Jahre 1887 niemand geahnt haben, daß hier die am meisten befahrene künstliche Wasserstraße der Welt begonnen wurde – zumal die Anzahl der Kanalgegner – unter ihnen mehrere Ostsee-Reeder, der Kriegsminister, der Marinechef und auch Generalfeldmarschall Helmuth von Moltke – noch sehr groß war.

Abb. 40. Eiderkanal bei Knoop, ca. 1890.

Pläne, eine den Umweg um Skagen ersparende Wasserstraße quer durch Schleswig-Holstein bzw. die jütische Halbinsel zu bauen, hat es viele gegeben. Für den Ost-West-Transitverkehr unter Einbeziehung der nordeuropäischen Rohstoffvorkommen, der mitteleuropäischen Fertigungskapazitäten und der Hafenstädte an Nord- und Ostsee mit ihren Hinterlandsbeziehungen bestand hier eine Wirtschaftsspannung, die es zu überwinden und auszugleichen galt. Der technische Stand im Schiffbau sowie die Situation der Umlandsroute bestimmten jeweils Vorstellungen und Planungen für eine seeschifftiefe künstliche Wasserstraße in direkter Route, wobei geographische und hydrologische Voraussetzungen vielfach unbeachtet blieben.

Erstmals größere Bedeutung erreichte diese Transitroute zur Wikingerzeit mit der Verbindung Eider–Treene/Hollingstedt–Haithabu/Schlei, also unter Ausnutzung der schmalsten Landbrücke der jütischen Halbinsel. Doch ist nach bisherigem Erkenntnisstand nicht davon auszugehen, daß die Überquerung der Schleswiger Landenge mittels einer künstlichen Wasserstraße erfolgte – denn sie hätte für seegängige Schiffe des Fernverkehrs befahrbar sein müssen, was nach den damaligen technischen Möglichkeiten nicht anzunehmen ist. Wahrscheinlich wurde der Transport mit Landfahrzeugen unter Umladung von Schiff-Wagen in den beiden Hafenstädten durchgeführt.

Das Interesse an einer Verbindung Ostsee–Nordsee, wobei ein Kanal ohne Schleusen – also ein reiner Durchstich – wie der Nord-Ostsee-Kanal in den ersten Jahren als die beste Lösung angesehen wurde, erwachte allerdings erst später, als allgemeine Handels- und Wirtschaftsinteressen mit politischen (Macht-)Bestrebungen und technischen Fähigkeiten zusammenflossen. Je nach Interessenlage, ob mehr die Rentabilität eines Projektes oder die politische Bedeutung im Vordergrund stand, wurde die eine oder andere Linie vorgeschlagen, und zwar häufig zunächst ohne Berücksichtigung der geographischen Voraussetzungen sowie des damit erforderlichen Finanzaufwands.

Folgende Kanalplanungen sind bekannt:

1) König Christian III. von Dänemark soll während seiner Regierungszeit (1533–1559) beabsichtigt haben, einen Kanal von Ripen unter Benutzung der Königsau nach Kolding oder Hadersleben zu führen. Das Projekt sollte ausschließlich militärischen Zwecken dienen. Es ist unbekannt, ob die Durchführbarkeit der Idee jemals geprüft wurde.

2) 1571 faßte Herzog Adolf I. von Gottorf, ein Bruder Christians III., den Plan eines Seekanals unter Benutzung des Eiderlaufes von Kiel über Rendsburg zur Nordsee. Er wurde hierin von dem königlich dänischen Statthalter Heinrich Rantzau unterstützt, der allerdings auf die territorialpolitischen Schwierigkeiten aufmerksam machte; sie sind dann wohl auch der Grund für das Scheitern des Planes gewesen.

3) König Christian IV. von Dänemark (1588–1648) wollte einen Kanal zwischen Ballum und Apenrade bauen; der Holländer Cornelius Claussen Pitael aus Medemblick legte hierzu einen Plan vor, der einen Kanal für Schiffe mit bis zu 11 Fuß Tiefgang vorsah.

4) Wallenstein, 1628 zum „General der ganzen Kaiserlichen Schiffsarmada wie auch des Oceanischen und Baltischen Meeres General" ernannt, plante im 30jährigen Krieg einen Kanal quer durch Holstein, um den in den Häfen Mecklenburgs wie auch in anderen Ostseestädten versammelten Kriegsschiffen einen sicheren Weg in die Nordsee zu schaffen. Wallensteins Entlassung auf dem Kurfürstentag im September 1630 zu Regensburg ist gewiß der Grund, daß dieser Plan nicht weiterverfolgt wurde.

5) Herzog Friedrich III. von Holstein-Gottorf (1616–1659), ein Mann kühnen Unternehmungsgeistes, nahm den Plan Herzog Adolfs wieder auf; er wollte sogar den Handel von Persien und Indien – insbesondere mit Stoffen – durch einen solchen Kanal lenken. Die Hafenstadt an der Nordsee

und zugleich das Zentrum eines umfassenden Handelsnetzes sollte das von ihm 1621 begründete Friedrichstadt sein.

6) 1671–1685 wurde auf Anordnung König Christians V. von Dänemark nach einem Vorschlag des Kommandanten von Rendsburg, Generalleutnants Andreas von Fuchs, die Eider von Rendsburg durch den Flemhuder See bis zur Steinfurter Mühle, eine $^3/_4$ Meile von Kiel entfernt, vertieft, um Baumaterial für den Ausbau der Festung Rendsburg mit Prähmen heranzuschaffen. Fuchs' Vorschlag, einen Kanal auf der Strecke bei Sehestedt zur Umgehung der zahlreichen Krümmungen zu schaffen, wurde jedoch abgelehnt.

7) 1761 schlug Johann Heinrich Gottlob v. Justi zwei Kanalrouten vor, und zwar eine von Tondern (Hoyer) nach Flensburg, die andere von Husum nach Schleswig (Eckernförde). Die zweite vorgeschlagene Strecke ist später – auch in Variationen – mehrfach erneut aufgegriffen worden.

8) 1761 untersuchte Sonin die Möglichkeit einer Wasserstraßenverbindung Kiel–Schwentine–Großer Plöner See–Eutiner See–Bad Segeberg–Alster–Hamburg.

9) 1774 erhielt der Ingenieuroffizier Generalmajor Wilhelm Theodor von Wegener den königlichen Befehl, einen Kanal auf der von Justi vorgeschlagenen Linie Husum–Eckernförde auszuarbeiten. Sein nach einem Monat vorgelegter großartiger Entwurf sah einen *Kanal für seegehende Schiffe* mit Ladung vor; selbst die größten der damals bestehenden Kanäle Europas waren nur für kleine Binnenschiffe nutzbar.

Auf der Basis des Wegenerschen Vorschlages erfolgten die weiteren Untersuchungen und Planungen für den *Schleswig-Holsteinischen oder Eiderkanal*, wobei zunächst verschiedene andere Linien untersucht wurden. 1776 wurde entschieden, von der ein Jahr zuvor untersuchten Linie von der Stör über die Untereider nach Rendsburg, von dort zum Flemhuder See und im Lauf der Levensau zur Kieler Förde bei Holtenau aufgrund der hohen Kosten zunächst nur das Teilstück Holtenau–Rendsburg auszuführen in der Hoffnung, später noch den Abschnitt Rendsburg–Stör bauen zu können. In 7jähriger Bauzeit von 1777 bis 1784 wurde der Kanal als ein landschaftsübergreifendes kombiniertes Verkehrs- und Wirtschaftssystem mit entsprechenden Landeinrichtungen (Packhäuser) und der Maßgabe gebaut, den Handel im dänischen Gesamtstaat zu heben.

Der Schleswig-Holsteinische Kanal hatte 2,5 Millionen Reichstaler, das Zwölffache der ursprünglich veranschlagten Bausumme, gekostet. Die Grabungsstrecke von Holtenau bis Fohrde betrug 34 km, der Kanallauf von Holtenau bis zur Rendsburger Schleuse 43 km, die gesamte Wasserstraße zwischen Holtenau und Tönning 180,5 km. 6 Kammerschleusen mit einer Innenlänge von 35 m hatte der Kanal, der auf dem Wasserspiegel 28,7 m breit, auf der Sohle 18 m breit und 3,45 m tief war.

Der Schleswig-Holsteinische Kanal war eine technische Pioniertat, die größte und bedeutendste künstliche Wasserstraße zu seiner Zeit. Er war eine in aller Welt bestaunte wasserbautechnische Ingenieurleistung und galt als ein technisches Wunderwerk.

Der Kanal brachte zwar örtlich oder regional einen wirtschaftlichen Aufschwung in Verbindung mit der verbesserten verkehrsmäßigen Erschließung des Landes, die großen Erwartungen für die Herzogtümer Holstein und Schleswig hat der Kanal allerdings nicht erfüllt, auch wenn seine Existenz eine der wesentlichen Voraussetzungen für das erste moderne Industriewerk in Schleswig-Holstein, die Carlshütte bei Rendsburg, war. Aufgrund der durch die Kanalmaße vorgegebenen und beschränkten Schiffsgrößen ging auch weiterhin ein erheblicher Verkehr durch den Sund. Die Kanaleinnahmen überstiegen in den ersten Jahrzehnten die Ausgaben, später deckten sie etwa die Hälfte der Unterhaltungskosten, so daß eine unmittelbare Rentabilität oder gar ein Verdienst nicht gegeben waren, ohne hierbei allgemeine volkswirtschaftliche Aspekte zu berücksichtigen.

Erhebliche Impulse gab der Schleswig-Holsteinische Kanal für das Wasserbau- und Schleusenwesen sowie im Bereich des Leuchtfeuerwesens, da mit der Existenz des Wasserweges u. a. die Auslegung des ersten deutschen Feuerschiffes im Jahre 1815 in der Eidermündung verbunden ist. Außerdem wurden zur Sicherheit des zunehmenden Verkehrs in der Kieler Förde 1815 drei feste Feuer (an der Kanalmündung, auf der Festung Friedrichsort und bei Bülk an der Außenförde) eingerichtet.

Der Schleswig-Holsteinische Kanal war von Anbeginn jedoch nur als eine Not- oder vorübergehende Lösung einer Wasserstraßenverbindung Ostsee–Nordsee (möglichst mit Mündung in die Elbe) gedacht ungeachtet seiner großen technisch(geschichtlich)en Bedeutung und Benutzung durch den Welthandel. Seine Verwirklichung war zu seiner Zeit der Beweis, daß es technisch möglich war, einen Kanal für seegehende Schiffe zu bauen, seine Inanspruchnahme erbrachte den Beweis, daß Handel und Wirtschaft bei entsprechenden günstigen Voraussetzungen einen solchen Wasserweg nutzen.

So ist es nicht verwunderlich, daß in der Folgezeit eine große Zahl von Einzelschriften, Zeitschriftenaufsätzen und Zeitungsartikeln für einen neuen Kanal zwischen Nord- und Ostsee erschien, Pläne mit Leidenschaft diskutiert und in Gegenschriften deren Ausführbarkeit wie Nutzen bestritten wurden. Phantasievolle Projekte wurden vom grünen Tisch aus mit Hinweis auf Patriotismus und den großen Nutzen in begeistertem Ton vorgeschlagen, doch häufig fehlten eingehende technische Untersuchungen und eine genaue Kalkulation der Bau- wie der Folgekosten.

Mit der industriellen Revolution einher ging eine teilweise stürmische Entwicklung der Wirtschaft, die nach neuen Verkehrsmitteln und -wegen

Abb. 41. Eiderkanal, Kanalmündung bei (Kiel-)Holtenau.
Tuschzeichnung von Hans Olde, 1887.
Rechts: Packhaus und Obelisk.

suchte, um den steigenden Anforderungen nachzukommen. International zugängliche, künstlich geschaffene Seeverbindungen, für die wachsenden Schiffsgrößen geeignet, waren Teil des sich im 19. Jahrhundert wandelnden Verkehrssystems mit überregionaler Verflechtung.

Der Gedanke einer Verbindung Nordsee–Ostsee erhielt dann insbesondere während der schleswig-holsteinischen Erhebung großen Auftrieb unter dem Einfluß des Nationalstaatsgedankens und der Forderung nach einem Schutz der deutschen Küsten bzw. des deutschen Handels. Das Zentrum der Interessen waren nunmehr „Deutschlands Größe und Wohlfahrt". Damit in Verbindung standen Überlegungen um die Schaffung einer (deutschen) Marine, so daß jetzt verstärkt neben die volkswirtschaftlichen Aspekte außen- und verteidigungspolitische Gesichtspunkte traten. Die daraus resultierenden strategischen Gründe wirkten sich erheblich auf die Linienführung des jeweils vorgeschlagenen Wasserweges aus. Zur Überwindung der Landenge in Schleswig-Holstein gab es folgende Vorschläge:

1. 1799 regte der Statthalter Carl von Hessen den Plan eines Eider-Elbe-Kanals an, der die heimische Binnenwirtschaft beleben sollte.
2. 1800 wurde aufgrund dieser Anregung eine Kanalverbindung Friedrichstadt–Brunsbüttel untersucht.

79

3. 1804 erschien die Schrift „Ueber die zur Beförderung der Handlung und der Schiffahrt vorteilhaftesten und bequemsten Kanallinien in Holstein" von Kapitän F. G. L. H. von Justi, der – angesichts der Napoleonischen Landnahme und der britischen Elbsperrung in jener Zeit – zwei Linien favorisierte, und zwar
   a) Eider–Wollersum–Heide–Meldorf–Stör–Brunsbüttel
   b) Eider und Gieselau bis Oldenbüttel, dann Stör–Elbe
   Beide Wasserwege wurden als Eider-Stör-Kanal bezeichnet, doch gab es für die Verbindung Eider–Elbe noch weitere Vorschläge voller Phantasie und übersteigerter Hoffnung für eine Neubelebung des Handelsverkehrs. Eine dieser vorgeschlagenen Linien, die zugleich den Eider-Kanal in seiner Vorläufigkeit und Wirksamkeit einband, war
   c) Kieler Hafen–Eider–Bordesholmer See–Einfelder See–Schwale–Stör (bis Padenstedt)–Elbe,
   die 1815 unter Variierung dieser Linienführung erneut diskutiert wurde. Doch alle diese Pläne und Überlegungen wurden Opfer der Kriegsereignisse, das Vorhaben aufgegeben, denn die politischen Zustände in Europa, die finanziellen und wirtschaftlichen Voraussetzungen im dänischen Gesamtstaat hatten sich grundlegend geändert.
   Die Regierung in Kopenhagen hatte ein reges Interesse und einen großen Anteil an diesen Arbeiten, denn sie hatte 1804 eine Kanaluntersuchungskommission einsetzen lassen, die sich dem Gedanken eines neuen Kanals lebhaft annahm, doch 1810 aufgelöst wurde, da ihre Tätigkeit kein greifbares Ergebnis gebracht hatte.
4. 1820 legte Landinspektor A. C. Gudme seine „Bemerkungen über projectierte Verbindung zwischen der Ostsee und Niederelbe mittels eines Barkenkanals" vor, in der er die Linie Kiel–Störmündung mit Zuversicht empfahl; sie wurde damals auf königlichen Beschluß von dem Deichinspektor Christensen, der schon Mitglied der Kanaluntersuchungskommission gewesen war, untersucht, doch hatte die Regierung in der Zwischenzeit angesichts der Finanzlage des Staates jegliches Interesse an einem Kanalbau verloren.

Der Enthusiasmus der Kanalplaner war vollends verflogen, die Flut der Vorschläge und Pläne verebbte, bis 1848 im Rahmen der schleswig-holsteinischen Erhebung mit den Gedanken der nationalstaatlichen Bewegung unter den militärpolitischen Aspekten der Schaffung einer Flotte der Kanalgedanke erneut belebt wurde.

5. 1848 wurden mehrere Linien für einen die Nord- und Ostsee verbindenden Kanal vorgeschlagen, der unter Berücksichtigung strategischer Gründe eine kurze, auch für die damaligen Kriegsschiffstypen benutzbare und sichere Verbindung zwischen den beiden Meeren sein sollte. Wirtschaftliche Erwägungen traten zurück, wurden erst an zweiter Stelle

Abb. 42. Eiderkanal bei Knoop, Lösch- und Ladestelle, 1889.

aufgeführt. Die wichtigsten vorgeschlagenen Linien, die in jenem Jahr zur Debatte standen, waren:

a) Eckernförde–Kochendorf–Schlei bei Schleswig–Bustorf–Trei–Husum. Die Wasserspeisung des Kanals war durch die zu einem See aufgestaute Treene, je eine Doppelschleuse bei Bustorf und Husum vorgesehen. Die Kosten des Kanals einschließlich Schleusen, Brücken, Bedeichungen pp. wurden mit 10,56 Millionen preuß. Taler veranschlagt.

b) Eckernförde – Haby – Fohrde – Rendsburg – Breiholz – Schafstedt – Burg – Kudensee – Elbe (zwischen Brunsbüttel und St. Margarethen)

c) Eckernförde–Wittensee–Schirnau–Rendsburg und weiter wie b

d) Kiel – Westensee – Bokelholm – Hanerau – Hohenhörn – Burg – Brunsbütttel. Diese Linie wurde wegen der „zweckmäßigsten Richtung", der Wasserhaltung, verhältnismäßig geringen technischen

81

Schwierigkeiten und Kosten als das günstigste Projekt angesehen, zumal Kiel als Kriegshafen allgemein favorisiert wurde.

e) Eckernförde–Obereider–Rendsburg–Untereider–Tönning.

f) Kiel–Rendsburg–Tönning bei Vertiefung und Erweiterung des Eiderkanals, wobei die Kosten einem Kanalneubau entsprechen würden.

g) Kiel–Rendsburg–Brunsbüttel unter Verwendung (Vertiefung und Erweiterung) des Eiderkanals bis Rendsburg und von dort ein Neubau bis zur Elbe.

h) Kiel–Störmündung–Elbe. Diese Linienführung wurde mit der unter e) gleichzeitig genannt, wobei die Entscheidung aufgrund wasser-(bau)technischer Untersuchungen fallen sollte. Sowohl Bürger einiger schleswig-holsteinischer Städte wie auch der Kieler und Rendsburger Flottenausschuß beteiligten sich rege an der Diskussion, sogar der Nationalversammlung in Frankfurt/M. übersandten sie Pläne. Die politischen Ereignisse, die nicht in einem deutschen Nationalstaat als Voraussetzung für das Vorhaben mündeten, ließen alle Hoffnungen scheitern.

6. 1854–1857 wurde die Linie Hamburg–Travemünde als direkte Verknüpfung der Häfen für Lübeck und Hamburg mit Ausstrahlung auf den Ostseeraum vorgeschlagen.

7. 1859 schlugen der schwedisch-norwegische Vizekonsul in Helsingör Knud Gad und der Italiener Domencico Sabatini den Kanalbau Eckernförde–Husum vor, wobei sie einen schleswig-holsteinischen Plan des Jahres 1848 aufgriffen und hierzu eine Aktiengesellschaft gründen wollten.

8. 1860 schlug Carl Hansen, ein nach New York ausgewanderter, gebürtiger Kopenhagener, einen Kanal Haffkrug–Brunsbüttel vor und propagierte das Vorhaben in seinem Buch „The great Holstein ship-Canal from Brunsbüttel to the Bay of Neustadt, for uniting the North Sea and the Baltic". „Den Canal würde eine Eisenbahn begleiten und 5 innere und 2 äußere Häfen angelegt werden."

Der Vorschlag wurde nach anfänglich günstiger Aufnahme bei Kopenhagener Regierungsstellen als „in das Reich der Träume" verworfen; außerdem brachten finanzielle Schwierigkeiten zur Aufbringung des notwendigen Kapitals in den USA aufgrund des amerikanischen Bürgerkrieges den Plan ins Stocken.

9. 1863 wurde mit der Schrift „Durchstich der Holsteinischen Landenge zwischen Ostsee und Nordsee" eine modifizierte Hansensche Linie aufgenommen, und zwar Brunsbüttel (bzw. Glückstadt)–Bad Bramstedt–Schmalfeld–Sievershütten–Bad Oldesloe–Lübeck–Hemmelsdorfer See.

Abb. 43. Rendsburg, Schleuse mit Zugbrücke des Eiderkanals und dahinter Zollhaus, um 1880.

Dieser Vorschlag beinhaltete zugleich Elemente eines Alster-Trave-Kanals, soweit die Ostsee-Anbindung gegeben war.

10. 1863/64 wurden ältere Vorschläge erneut aufgegriffen und der Öffentlichkeit unterbreitet, ohne daß auch dieses Mal eingehende Untersuchungen Grundlage der Vorschläge waren.
Angeregt wurden die Streckenführungen
   a) Büsum–Grünenthal–Rendsburg–Eckernförde
   b) Störort – Bramstedt – Schmalfeld – Sievershütten – Beste – Trave – Hemmelsdorfer See.
   Gegen diesen Plan wurden sofort Bedenken aufgeführt unter Hinweis, daß bereits französische Ingenieure, die im Auftrag Napoleons die Verbindung Elbe–Ostsee untersucht hatten, die Alster–Trave-Verbindung für untunlich angesehen hätten. Der Hemmelsdorfer See als Süßwasserbassin könnte im übrigen zu keinem Hafen mit Reede ausgebaut werden.
   c) Störort – Neritz – Travemünde

d) Büttel – Ossenseth – Seth – Tralau – Schönböken – Bad Schwartau – Hemmelsdorfer See

e) Büttel – Bad Bramstedt – Wardersee – Sarau – Gronenberg (Ostsee)

f) Büttel – Barmstedt – Alster – Bad Oldesloe – Schönböken – Hemmelsdorfer See

11. 1864 machte aber die preußische Regierung den entscheidenden Schritt für eine neue Wasserstraßenverbindung Nordsee–Ostsee, indem sie im April jenes Jahres angesichts der sich ändernden politischen Verhältnisse in Schleswig-Holstein den Geheimen Oberbaurat Lentze in die Herzogtümer mit dem Auftrag entsandte zu erkunden, „wie und wo zwischen der Ostsee und der Nordsee eine für alle Kriegs- und Handelsschiffe geeignete Wasserverbindung von Schleusen ausführbar erscheint". Lentze erstattete im Mai 1864 dem Handelsminister seinen Bericht, der die schon 1848 vorgeschlagene Linie St. Margarethen – Gieselau – Untereider – Rendsburg – Obereider – Gossee – Eckernförder Bucht befürwortete; eine Schleuse an der Elbe zur Abdämmung gegen den Tidenhub war vorgesehen. Seine Überlegungen faßte er in der „Denkschrift über den Entwurf zum Bau eines Schiffahrts-Kanals zur Verbindung der Ostsee mit der Nordsee von Eckernförde nach der Elbe bei St. Margarethen" zusammen, die 1865 in Berlin gedruckt erschien.

Lentze hatte mit diesem ausführlichen Gutachten den eigentlichen Anstoß für den Nord-Ostsee-Kanal gegeben, wenn zunächst auch noch einige Jahre bis zur Umsetzung seines Vorschlages vergehen sollten.

Zunächst einmal wurden durch Lentzes Tätigkeit in den Herzogtümern wieder Kanalplanungen und -vorschläge auch auf regionaler und lokaler Ebene mit erneuter heftiger Diskussion entfacht; der Gedanke hatte nur geruht, er war nie ganz versiegt. Wieder wurden Flug- und Denkschriften verfaßt, in Zeitungen Pläne erörtert, angepriesen und verworfen.

12. 1865 wurden mehrere Verbindungen – z. T. unter Rückgriff auf ältere Vorschläge – propagiert, so u. a.

a) Husum – Schleswig – Eckernförde

b) Kiel – Westensee – Bokelholm – Lütjenwestedt – Hanerau – Hohenhörn – Burg – Brunsbüttel

c) Flensburger Förde bei Kupfermühle – Lister Tief

d) Eckernförde – St. Margarethen

e) Haffkrug – Lübeck – Bad Oldesloe – Elbe (bei Hamburg oder Altona)

13. 1866 wurde erneut ein Kanal auf der Linie St. Margarethen – Stör – Schmalfelder Au – Borstel – Trave – Travemünde propagiert mit 2 Endschleusen. Bei Travemünde sollte er durch das Pötenitzer Wik und mit einem Durchstich durch den Priwall in die Ostsee geführt werden. Die Baukosten wurden auf 50 Millionen Taler geschätzt, die jährlichen Kosten auf 2,3 Millionen Taler.

Nord-Ostsee-Kanal

Mit der Entwicklung vom Segel- zum Dampfschiff, vom Holz- zum Eisenschiff und dem Bau immer größerer Dampfer wurde die Frage eines Ersatzes für den zu flachen und schmalen Eiderkanal immer akuter. Der „beinahe krankhafte Flottenenthusiasmus", wie Bismarck die Bestrebungen nannte, führte zunächst trotz aller Bemühungen nicht zu einem Kanal Nordsee–Ostsee, da sich der politische Durchsetzungswille mit ihnen nicht verband. Ihn brachte erst Bismarck nach Eingliederung der Herzogtümer Holstein, Lauenburg und Schleswig in den preußischen Staatsverband ein. Es war sein Anliegen von Anbeginn, daß Preußen in Schleswig-Holstein einen Kriegshafen für seine Flotte erhalten und den *Nord-Ostsee-Kanal* bauen könnte.

Das Anwachsen der Reichsmarine ließ die Frage einer maritimen Ost-West-Verbindung immer dringlicher werden, da die Flotte im Kriegsfall nur geteilt auf zwei getrennten Meeren operieren konnte. Im Krieg 1870/71 machte sich das Fehlen einer solchen Verbindung nachdrücklich bemerkbar.

Bismarck ließ sich in seinem Bestreben auch durch Rückschläge im internationalen Rahmen nicht entmutigen, sondern verfolgte auch dieses Ziel unaufdringlich, aber beharrlich, brachte es – wo möglich und nötig – in die politische Ebene ein.

Einer der prominentesten und erbittersten Gegner des Kanalprojektes war Generalfeldmarschall Helmuth von Moltke, der nach Bismarcks Worten die „eigentliche Spitze" der Landverteidigungskommission war und eine flammende Rede gegen das Projekt im Reichstag hielt; für ihn war der Kanal „von zweifelhaftem militärischem Wert", und er setzte sich für den Bau einer zweiten Flotte ein. Gegen einen Kanal protestierten die Ostsee-Reeder, sprachen sich außerdem Admiral von Stosch und Kriegsminister von Kameke aus.

Bismarck sah zwar auch die handelspolitischen Vorteile eines Kanals, stellte aber die militärischen, die strategischen Aspekte mehr in den Vordergrund. Er drang mit seiner Auffassung zunächst nicht durch, denn die Gründe seiner Gegner hatten „ihr Gewicht mehr in dem großen Ansehen, das die militärischen Kreise bei Sr. Majestät genossen als in ihrem materiellen Inhalt".

Nachdem die Kanalfrage einige Jahre hingeschoben war, brachte der Hamburger Reeder Hermann Dahlström im November 1878 die Angelegenheit in Fluß mit seiner der Regierung überreichten Broschüre „Die Ertragsfähigkeit eines schleswig-holsteinischen Schiffahrtskanals", die die Initialzündung für Bismarcks weiteres Handeln in dieser Frage war. Dahlström, ein verrückter Hamburger Kaufmann in der Presse genannt, erwarb sich große Verdienste bei den Vorarbeiten für den Nord-Ostsee-Kanal, für

Abb. 44. Nord-Ostsee-Kanal, Brunsbüttel, Bau der (Alten) Schleusen, 1892.

den er als Durchstichkanal – also auf Höhe des Meeresspiegels – die Linie Brunsbüttel – Kudensee – Hochdonn – Gieselau – Untereider – Rendsburg – Obereider bis Sehestedt – Eiderkanal bis Holtenau vorschlug. Bismarck stimmte ihm zu, allerdings wollte er zur Finanzierung des Vorhabens kein Privatkapital in Form einer Aktiengesellschaft einsetzen, sondern die Kostenträgerschaft von preußischem Staat und Deutschem Reich. Es gelang ihm in der Folge, den Kaiser für seine Politik auch in dieser Frage zu gewinnen – und die anderen Gegner durch geschicktes Taktieren aus der geschlossenen Phalanx nacheinander herauszulösen, wobei der den Dualismus von Königreich Preußen und Deutschem Reich ausmanövrierte.

Bismarck war kein phantasievoller Projektemacher, sondern ein nüchterner Realpolitiker, der die offenen Möglichkeiten für sein Handeln entschlossen, risikobewußt und planvoll nutzte. Am 19. Oktober 1885 stimmte das preußische Staatsministerium seinem Gesetzesentwurf für den Nord-

Abb. 45. Nord-Ostsee-Kanal, Brunsbüttel, Bau der (Alten) Schleusen, 1892.

Ostsee-Kanal zu, im Bundesrat gab man sich seitens der übrigen deutschen
Staaten ohne rechte innere Teilnahme mit den Vorlagen zufrieden, der
Reichstag stimmte am 25. Februar 1886 für das „Gesetz betreffend die Herstellung eines Nord-Ostsee-Kanals". Die Bauarbeiten begannen 1887: am
21. Juni 1895 wurde der Kanal nach achtjähriger Bauzeit bei einem Kostenaufwand von 156 Millionen Mark in einer großen feierlichen Zeremonie von
Kaiser Wilhelm II. eröffnet – doch Bismarck, der mehr als 2 Jahrzehnte für
das Projekt gegen den Widerstand des Militärs und vieler Minister eingetre-
ten war, wurde in den Festansprachen nicht genannt.

Bei dem Bau des Kaiser-Wilhelm-Kanals, wie der Nord-Ostsee-Kanal bei
der Eröffnung benannt wurde, wurden 80 Millionen m³ Erdreich bewegt.
Der Kanal hatte bei seiner Indienststellung eine Sohlenbreite von 22 m
(heute 90 m), eine Wassertiefe von 9 m bzw. 10,3 m (heute 11 m) und eine
Wasserspiegelbreite von 67 m (heute 162 m bzw. teilweise noch 102,5 m); es
gab sechs je ca. 600 m lange Ausweichen (heute 12 Weichen mit Längen zwi-

schen 586 m bis 3348 m). Der Landverkehr über den Kanal vermittelten seinerzeit 2 eiserne Eisenbahn- und Straßenhochbrücken bei (Kiel-)Levensau und Grünenthal, drei einarmige Eisenbahndrehbrücken bei Taterpfahl und Rendsburg, eine einarmige Straßendrehbrücke bei Rendsburg und eine Prahmdrehbrücke in (Kiel-)Holtenau (heute 10 Straßen- und/oder Eisenbahnhochbrücken und 2 Tunnel in Rendsburg) sowie mehrere von Hand bzw. Maschinenkraft bewegte Fähren.

Der Nord-Ostsee-Kanal, dessen Erweiterung von 1907 bis 1914 seinen Querschnitt verdoppelte, wurde 1912 von ca. 57 400 abgabepflichtigen Schiffen mit einem Raumgehalt von 9,924 Millionen NRT befahren, davon 19 100 Segelschiffe; 1993 passierten den Kanal über 43 000 abgabepflichtige Schiffe mit fast 58 Millionen BRT, im ersten Halbjahr 1994 über 22 000 Schiffe mit 29,5 Millionen BRT.

Der Nord-Ostsee-Kanal wurde eine Weltwasserstraße und gleich seinem Vorgänger, dem Eider-Kanal, die meistbefahrene künstliche Wasserstraße der Welt. Der Nord-Ostsee-Kanal in seiner umfassenden welt- und volkswirtschaftlichen Bedeutung ist schon lange kein Streitobjekt zwischen den Meinungen mehr, auch hinsichtlich der militärischen und strategischen Wichtigkeit gibt es keine gegenteiligen Meinungen oder Überschätzungen mehr. Politische Zeitläufe und damit teilweise verbundene Strukturwandel im gesamten Verkehrswesen wie auch in der Seeschiffahrt und bei der Marine bewirkten eine andere Sichtweise als zur Bauzeit des Kanals. Es ist gewiß, daß der Nord-Ostsee-Kanal ein wichtiger internationaler Seekanal von Weltgeltung bleiben wird, eine bedeutende, für Seeschiffe befahrbare sichere Verbindung zwischen Nord- und Ostsee – mit der die einstige Vision Wirklichkeit wurde und die neue Dimensionen des Waren- und Güterverkehrs eröffnete.

Rudimente historischer Kanäle

Mit dem Nord-Ostsee-Kanal hatte die Schiffahrt einen „zu allen Zeiten fahrbaren Weg" in einer Epoche erhalten, die im maritimen Bereich geprägt war durch den Übergang vom Segelschiff zum Dampfer und dem damit verbundenen Bestreben zu immer größeren und schnelleren Schiffen. Der Nord-Ostsee-Kanal wurde zu einer Schlagader hohen handels- und wirtschaftspolitischen Wertes über Schleswig-Holstein hinaus in der Gesamtentwicklung des Nord-Ostsee-Verkehrs.

Die Rudimente des alten Eiderkanals wie auch des Stecknitz- und Alster-Trave-Kanals, sensationelle technische Kunstschöpfungen ihrer Zeit, wurden kaum gepflegt, sie versanken in Vergessenheit, verfielen, und teilweise

Abb. 46. Die Stecknitz bei Büchen, 1988.

gewann wieder die Natur ihren einst genommenen Lebensraum zurück. Die Erkenntnis, daß uns mit den vorhandenen und erlebbaren Resten dieser Wasserstraßen zugleich Kulturdenkmäler von nationaler Bedeutung überliefert wurden, setzte sich erst mit Beginn der 1980er Jahre durch. Es formierten sich in Vereinsgründungen Bestrebungen, die Rückgewinnung der verkehrs- und bautechnischen Grundideen sichtbar, wenn auch nicht wirksam werden zu lassen.

Die z. T. recht ansehnlichen Rudimente, die über viele Jahre und Jahrzehnte ein Schattendasein führten, sind jedes für sich wie auch in ihrer Gesamtheit ein anschauliches Unterpfand der Erinnerung an die Wirtschafts-, Verkehrs- und Technikentwicklung in Schleswig-Holstein. In der Abgeschiedenheit ihrer Lage, fern vom großen Touristikstrom, vermitteln sie das Erlebnis harmonischer Verschmelzung von Menschenwerk und Natur.

Anders als der Nord-Ostsee-Kanal bewirkten die alten künstlichen Wasserstraßen zwischen Nord- und Ostsee keine tiefgreifende Veränderung des

Abb. 47. Lübeck-Krummesse, Kirche, Schild am Stuhl der Stecknitzfahrer von 1853.

Abb. 48. Lauenburg/Elbe, Palmschleuse, 1990.

Landschaftsbildes. Die teilweise verschilften, verlandeten und baumbestandenen Abschnitte dieser Kanäle setzen landschaftlich reizvolle Akzente, die erhaltenen ausgedienten Bauten in ihrer Funktionsuntüchtigkeit lassen uns den romantischen Zauber nicht rückkehrbarer Tage empfinden. Der historisch aufgeschlossene Wanderer und Betrachter spürt in den Rudimenten die großen, ehrgeizigen verkehrs- und wasserbautechnischen Unternehmungen unseres Landes:

Stecknitzkanal
– Teilstrecken bei Genin mit Eisenbahnbrücke der Strecke Hamburg–Lübeck und bei Anker sowie Stecknitz von Büchen bis Lauenburg.
– Schleusen(-reste) bei Grambek (Wohnhaus auf der Kanalböschung), Witzeeze (Dükerschleuse) und Lauenburg (Palmschleuse).
– Schleusenmeisterhäuser bei Witzeeze der Niebuhr- und Dükerschleuse, bei Siebeneichen

Lübeck
Dom: Maria-Magdalenen-Altar, Kanzelgitter, Kronleuchter
Amtshaus in der Hartengrube
Burgtor-Friedhof: Begräbnisplatz

Krummesse
Kirche: Kupfernes Schild am Gestühl, Altar-Leuchter

Berkenthin
Friedhof: Begräbnisplatz

Nusse
Friedhof: Begräbnisplatz

Mölln
St. Nicolai-Kirche: Stuhl, Standleuchter

Siebeneichen
Kirche: Wappen am Gestühl

Alster-Trave-Kanal

(Trockene) Teilstrecken im Nienwohlder Moor und bei Sülfeld (Großer Graben) mit Pastoratsschlucht

Schleswig-Holsteinischer oder Eiderkanal

- Teilstrecken in Kiel-Holtenau, bei Rathmannsdorf, Schinkel (Gut Rosenkranz), Klein-Königsförde, Kluvensiek
- Packhäuser in Kiel-Holtenau, Rendsburg und Tönning
- Schleusenwärterhäuser in Kiel-Holtenau, Klein-Königsförde, Rendsburg
- Obelisk in Kiel-Holtenau
- Zollhaus in Rendsburg
- Schleusen in Rathmannsdorf (1983/84 restauriert), Klein-Königsförde (1987/88 restauriert) mit hölzerner Zugbrücke (1988/89 errichtet), Kluvensiek mit Zugbrücke (gußeiserne Portale) und Ausweichstelle

Literatur-Auswahl

Baltzer, Joh., u. Bruns, Dr. F., Die Bau- und Kunstdenkmäler der Freien und Hansestadt Lübeck, III. Bd., I. Teil, Der Dom, Lübeck 1919

Bärwald, Ulrich, Papier zur Restauration der Reste des Alster-Trave-Kanals in der Ortslage Sülfeld im Kreis Segeberg, masch. Manuskript, Sülfeld 1987

Bärwald, Ulrich, Der Alster-Trave-Kanal in der Ortslage Sülfeld. In: Heimatkundl. Jahrbuch f. d. Kreis Segeberg, 34. Jg., 1988, S. 77–98

Behrens, H. L., Topographie des Stecknitz-Kanals, Hamburg 1818

Braun, Arthur, Der Lübecker Salzhandel bis zum Ausgang des 17. Jahrhunderts, Inaugural-Diss., Hamburg 1926

Buchhofer, Ekkehard, Linienzieher auf der Stecknitz. In: Lauenb. Heimat, N.F. Heft 15, Febr. 1957, S. 25–29

Carsten, Rehder H., De nige graven von 1525 zwischen Sülfeld und Neritz. In: Die Heimat, H. 10, 71. Jg., S. 330–335

Carstens, Heinrich, Zur Geschichte des Alster-Beste-Kanals. In: Schleswig-Holstein-Hamburg-Lübeckische Monatshefte, 2. Jg., H. 2, 1927, S. 43–44

Clement, Dr. K. J., Die schleswig-holsteinischen Seekanal-Projecte, Hamburg 1865

Dreyer, Peter, Der Alster-Trave-Kanal zwischen Sülfeld und Neritz – einmal anders. In: Schleswig-Holstein, H. 2, 1967, S. 43–47

Grauthoff, Dr. F. H., Chronik des Franciscaner Lesemeisters Detmar, I. Teil, Hamburg 1829

Haase, P., Der frühere Alster-Trave-Kanal. In: Mitteilungen des Vereins für Lübeckische Geschichte und Altertumskunde, H. 9, Lübeck 1900, S. 99–117

Hagedorn, Bernhard, Die Entwicklung und Organisation des Salzverkehrs von Lüneburg nach Lübeck im 16. und 17. Jahrhundert. In: Zeitschrift des Vereins für Lübeckische Geschichte und Altertumskunde, Bd. XVII, Lübeck 1915, S. 7–26

Heineken, Dr. Hermann, Der Salzhandel Lüneburgs mit Lübeck bis zum Anfang des 15. Jahrhunderts. In: Historische Studien, Heft LXIII, Berlin 1908, S. 40–98

Hinsch, Werner, und Kron, Jakob, Elbschiffahrtsmuseum Lauenburg, Neumünster o. J. (1984)

Hoffmann, Prof. Dr. Max, Die Straßen der Stadt Lübeck, Lübeck 1909

Jacobsen, N. H., Slesvigske kanalplaner i det 19. århundrede. In: Sønderjyske Årbøger, Jg. 1979, S. 69–116

Jessen-Klingenberg, Manfred, Vom Eiderkanal zum Nordostseekanal. In: Zerssen & Co. 1839–1964, Rendsburg 1964, S. 9–117

von Justi, F. G. L. H., Ueber die Beförderung der Handlung und der Schiffahrt vortheilhaftesten und bequemsten Kanallinien in Holstein, Schleswig 1805

Klose, Olaf, Der Alster-Beste-Kanal. In: Schleswig-Holstein, H. 3, März 1961, S. 69–70

Knöller, Fritz Hubertus, Zwei alte Kanäle zwischen Elbe und Ostsee. In: Schriften des Naturwissenschaftlichen Vereins für Schleswig-Holstein, Bd. XX, Kiel und Leipzig 1934, S. 387–398

Koppe, W., Der „Stecknitz-Canal". In: Schleswig-Holstein, H. 3, März 1961, S. 72–73

Körner, Robert, Zur Geschichte des Alster-Trave-Kanals. In: Jahrbuch des Alstervereins 1906, S. 9–14

Kretzschmar, Joh., Napoleons Kanalprojekte zur Verbindung des Rheines mit der Elbe und Ostsee. In: Zeitschrift des Historischen Vereins für Niedersachsen, Jg. 1906, S. 139–150

Lappenberg, Dr. J. M., Historischer Bericht über Hamburgs Rechte an die Alster, Hamburg 1859

Lorentzen, F. A., und Justi, H., Ueber eine Verbindung zwischen der Elbe und Ostsee vermittelst der Alster und der Trave, Hamburg 1820

von Lütgendorff, Prof. W. L., Lübeck zur Zeit unserer Großeltern, Teil IV – Stifte, Höfe, Gänge, Lübeck 1938

Malonn, Gisela, Der Stecknitzkanal, masch. Manuskript, o. O. o. J. (1973)

Mehlhop, Wilhelm, Die Alster, Hamburg 1932

Müller, Walter, Die Stecknitzfahrt, 2. Aufl., o. O. (Ratzeburg) 1990

Nissen, Nis R., Kleine Geschichte des Stecknitzkanals. In: Die Heimat, 62. Jg., 1955, H. 11, S. 284–287

Nissen, Nis Rudolf, Neue Forschungsergebnisse zur Geschichte der Schiffahrt auf der Elbe und dem Stecknitzkanal. In: ZLG, Bd. 46, 1966, S. 5–14

Plazikowski, Barbara, Die Lübecker Stecknitzfahrer als Beispiel einer „jungen Gilde", masch. Manuskript, o. O. (Lübeck) 1969

Rehder, Der Elbe-Trave-Kanal, Ratzeburg 1899

Reincke, Prof. Dr. Heinrich, Die Alster als Lebensader Hamburgs, Hamburg 1958

Richter, A., Über die französischen Kanalprojekte für Nordwestdeutschland. In: Zeitschrift des Historischen Vereins für Niedersachsen, Jg. 1907, S. 99–116

Rohde, Hans, Überlegungen zur mittelalterlichen Wasserstraße Eider/Treene/Schlei. In: Offa, Bd. 43, 1986, S. 311–336

Röhrs, H., Stecknitz-Kanal – Elb-Trave-Kanal. In: Möllner Heimatblatt, Jg. 1, Nr. 6, Sept. 1935

v. d. Sandt, J. P., Der Stecknitz-Canal, Hamburg 1868

Schäfer, Dietrich, Zur Vorgeschichte des Stecknitz-Canals. In: Hansische Geschichtsblätter, Bd. XV, Jg. 1909, S. 115–121

Scherner, Ernst, Alte Kanäle zwischen Lübeck und Hamburg. In: Die Heimat, Jg. 46, H. 12, Dez. 1936, S. 370–373

Schulze, Ehrhard, Das Herzogtum Sachsen-Lauenburg und die lübische Territorialpolitik, QuFGSH 33, Neumünster 1957

Stewig, Reinhard, Verkehrs- und Stadtentwicklung in Schleswig-Holstein. In: Die Heimat, 71. Jg., 1964, H. 5, S. 138–147

Stieda, Prof. Dr. Wilhelm, Pramführer und Träger in Lübeck. In: Zeitschrift des Vereins für Lübeckische Geschichte und Altertumskunde, Bd. XII, H. 1, 1910, S. 49–68

Stolz, Gerd, Der alte Eiderkanal – Schleswig-Holsteinischer Kanal, Heide 1983

Sturz, J. J., Der Nord- und Ostsee-Kanal durch Holstein, Deutschlands Doppelpforte zu seinen Meeren und zum Weltmeere, Berlin 1864

Stüve, Louis, Kringelhög – Fest der Lübecker Stecknitzfahrer. In: Niedersachsen, 19. Jg., 1914, H. 8, S. 152–155

Wohlwill, Adolf, Die Projecte zur Verbesserung des Stecknitzkanals und die französischen Annexionen vom December 1810. In: Zeitschrift des Historischen Vereins für Niedersachsen, Bd. 7, 1898, S. 290–311

Woltmann, Reinhard, Beyträge zur Schiffbarmachung der Flüsse, Hamburg 1826

Zimmermann, Hansjörg, Mölln, Büchen o. J. (1977)

Der Elb-Trave-Kanal. Zur Eröffnungsfeier am 16. Juni 1900. o. O. o. J. (Lübeck 1900)

Der grosse Norddeutsche Kanal zwischen Ostsee und Nordsee, Kiel 1864

Denkschrift über den grossen Norddeutschen Kanal zwischen Brunsbüttler Koog an der Elbe und dem Kieler Hafen, herausg. von dem Kieler Committee für den Kanalbau, Kiel 1865

Der Bau des Elbe-Trave-Kanals und seine Vorgeschichte, Lübeck und Lauenburg/Elbe 1900

Dom zu Lübeck – Wegweiser, herausg. vom Kirchenvorstand der Ev.-Luth. Dom-Gemeinde, Lübeck 1979

Stadtchronik zur 725-Jahr-Feier der Stadt Lauenburg/Elbe, o. O. (Lauenburg/Elbe) 1985

Der Elbe-Lübeck-Kanal – die nasse Salzstraße, mit Beiträgen von Christel Happach-Kasau und Walter Müller, Neumünster 1992

Bildnachweis

Altonaer Museum in Hamburg 34
Deutsches Museum, München 2
Elbschiffahrtsmuseum, Lauenburg/Elbe 16, 29
Gemeindearchiv Sülfeld 35
Kunsthalle zu Kiel 41
Landesamt für Denkmalpflege Schleswig-Holstein, Kiel 20, 21, 23, 24
Landesarchiv Schleswig-Holstein, Schleswig 15, 32, 36
Museum für Kunst- und Kulturgeschichte der Hansestadt Lübeck 6, 18, 19, 25, 27, 30, 31
Staatsarchiv der Freien und Hansestadt Hamburg 39
Stadtarchiv Mölln 10, 14, 17
Gerd Stolz, Kiel 3–5, 22, 26, 43–48

Abbildungen auf dem Schutzumschlag
vorn: Der Nord-Ostsee-Kanal im Jahre seiner Einweihung bei der Hochbrücke Grünental
hinten: Modell der Palmschleuse in Lauenburg/Elbe um 1840, Elbeschiffahrtsmuseum
Vorsatzblatt: Verlauf des Stecknitzkanals von der Palmschleuse bis zur Elbe mit der „Frohwetter-Schleuse"

Den Archiven, Bibliotheken und Museen in Dänemark, Hamburg und Schleswig-Holstein gilt mein Dank für die hilfsbereite Unterstützung und Beratung, insbesondere Herrn Ulrich Bärwald, Sülfeld, dem eifrigen Fürsprecher zur Bewahrung des Alster-Trave-Kanals. Viele weitere Personen haben über die Jahre mit Hinweisen und Ratschlägen geholfen; sie alle zu nennen, ist hier nicht möglich, doch auch ihnen danke ich für ihr Entgegenkommen.

Hasenberg

Saadt Feldt Zum Vorwerck Lauenbourg gehörig

Postweg, von Hambourg, nach Berlin.

Unter berger Feltre, umbgeringe, Gogend

Gojenberg.

Frohwetter-Schleuse

Die Stecknitz

Der Stadt Lauen

Weyde Zum Vorwerck Lauenburg gehörig

Denen Unterbe